KB125747

연금술
경영법칙

연금술
경영법칙

미 래 를   지 배 하 는   강 력 한   혁 신 경 영   패 러 다 임

DAS ALCHIMEDUS-PRINZIP

자샤 쿠글러 지음 | 김현정 옮김

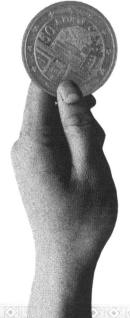

SIA시아

서문

나를 이끄는 것은 무엇인가?

시인 넬리 작스(Nelly Sachs)는 어느 시에서 "모든 것의 시작은 갈망이다"라고 쓰고 있다. 갈망(Sehnsucht)이라는 단어 안에는 탐색(Suche)이라는 단어가 내포되어 있다. 말하자면 갈망은 두 가지 의미를 담고 있다. 하나는 나의 갈망은 무엇인지, 나를 이끌고 나를 소생시키며, 나와 내 주위에 에너지를 부여하는 것은 무엇인지를 발견하는 것이다. 다른 하나는 내가 이 갈망을 추구하고 그것을 실현시킬 수 있는 수단을 탐색하는 것이다.

"어떻게 하면 나의 갈망을 진지하게 받아들일까?", "어떻게 여행을 떠날 것인가?", "이 과정에서 누가 나를 지지할 것인가?" 등의 질문은 불가피하게 등장할 것이다. 『연금술 경영법칙』의 서문을 작성해 달라는 자샤 쿠글러의 권유에 따라 나는 이 공간을 빌려 위의 질문들에 대한 몇 가지 소고를 담아보고자 한다.

둥근 고무줄로 삼각형을 한 번 만들어보라! 손가락 두 개를 살짝 벌려 밑변을 만들고, 다른 손의 손가락으로 윗꼭지점을 만든다. 방금 전까지 늘어졌던 고무줄에서 에너지와 탄력감이 느껴지는 모양이 형성된다. "고무줄 삼각형"의 밑변은 당신 삶의 현 위치를 나타내며, 윗꼭지점은 당신의 비전과 갈망, 당신을 이끄는 것을 나타낸다. 밑변과 꼭지점, 이 두 가지는 늘어지고 힘없는 고무줄에 탄력감과 삼각형이라는 형태를 함께 부여할 때에만 모두 중요하다.

　나의 위치는 어디이며 무엇인가? 나의 강점은 어디에 있는가? 나의 업적을 어떻게 추구할 것인가? 나는 어떤 가치를 추구할 것인가? 이들 질문에 대해 대답하는 과정에서 탄탄한 밑변이 형성될 것이다. 여기서 또한 중요한 것은 당신의 삶에 어떠한 관계가 존재하는지, 스스로 선택한 구속은 어떤 것이며, 이 가운데 당신이 중요하게 여기는 것은 무엇인지에 대해 의식적으로 생각하는 것이다. 물론 당신에게 안전하고 좋은 위치를 약속하는 관계와 구속이 있을 것이며, 동시에 배제해야 할 관계와 구속도 존재할 것이다. 무언가를 결정한다는 의미는 다른 무언가를 포기한다는 의미를 늘 내포하고 있기 때문이다.

　나를 이끄는 것은 무엇인가? 나를 매료시키는 것은 무엇인가? 모든 것이 가능한 상황에서 내가 기꺼이 하고자 하는 것은 무엇인가? 이들 질문에 대해 대답하는 과정에서 상징적인 고무줄 삼각형의 윗꼭지점을 인식하게 될 것이다. 에너지로 형성된 탄력감, 이것은 바로 우리가 살고 있는 인생을 의미하는 것이다.

　탄력이란 적당한 긴장감을 나타내는 것일 수 있다. 긴장감 없고 황량하며 지루한 인생과는 반대로 말이다. 또한 탄력은 과도한 긴장감을 의미할 수도 있다. 너무 팽팽하여 찢어질지도 모를 만큼 불편한 그러한 긴장감 말이다. 고무줄이 끊어지는 상황이 어떠한지는 여러분 모두가 잘 알 것이다. 매우 불안하며 동시에 통증을 가져올 수도 있다.

　『연금술 경영법칙』과 친숙해진다면 탄력 정도를 잘 조절하여 적

당한 긴장감을 만들어내는 두 가지 가능성, 즉 삼각형의 윗꼭지점(=
비전)과 밑변(=토대, 삶의 위치)을 신속히 발견할 것이다.

이번에는 두 번째 실험을 감행해 보자. 팽팽한 삼각형에서 윗꼭
지점을 없애보자. 어떤 일이 발생하는가? 순간적으로 탄력감이 사
라진다! 삼각형이 사라지고, 윗꼭지점이었던 부분이 밑변으로 떨어
진다. 비전 없는 삶 역시 긴장감 없는 시나리오일 뿐만 아니라, 나의
토대로부터 벗어난 삶인 것이다.

반대로 팽팽한 삼각형에서 밑변을 없앤다면, 고무줄은 마치 쏘
아 올린 폭죽처럼 순식간에 사방으로 불꽃을 튀듯이 사라진다. 토
대 없이 비전만 있는 삶은 장기적인 영향력 없이 순식간에 타서 소
멸되는 불꽃과 같다.

따라서 탄탄한 삶의 위치를 통해 마련된 건전한 토대와 비전, 이
두 가지가 모두 필요하다. 『연금술 경영법칙』은 바로 이러한 인식을
추구하며, 인간과 도구, 영감이라는 세 가지 중추로 삶의 모든 영역
에서 작용한다.

마지막으로 두 가지 생각을 더 적어본다.

첫 번째, 인간은 누구나 독창적인 존재이다. 즉 독특하여 타인
과 뚜렷이 구분되며, 모사가 불가능하다. 당신을 남과 구별되게 만
드는 당신의 사명과 비전, 이것은 이미 당신 안에 존재한다. 이것은
또한 기업과 같은 다른 모든 시스템에도 적용되며, 이미 존재하므로
그저 발견하기만 하면 된다. 사명과 비전은 흔히 "개인적 소명의식"
이라고 일컬어진다. 말하자면 나에게 정해진, 나로부터 빠져나올 수
없는, 또 빠져나와서도 안 되는 사명인 것이다. 이러한 발견은 종종

힘겹고 버겁게 느껴질 수 있다. 그러나 나를 결정하고 나를 이끄는 것은 이미 존재한다는 의식과, 적당한 긴장감과 에너지, 삶이 예고하는 다양한 사건을 조망함으로써 이러한 탐험 여행을 감행할 수 있는 힘이 우리에게 주어질 것이다.

이 여정에서 누가 우리를 지지할 수 있는가? 마치 견고한 집의 기반을 만들듯, 토대를 마련하는 과정에서 우리를 돕는 가장 최고의 지지자는 바로 인간과 조직이다. 그들은 우리의 사명, 우리의 비전을 지각하도록 돕는다.

두 번째, 이 탐험 여행에 동참하는 사람들은 그들이 살아가고 일하는 (기업) 시스템에 매우 긍정적인 영향을 미친다. 왜냐하면 각 개인뿐만 아니라 모든 시스템은 고유의 소명의식을 지니고 있으며, 시스템 구성원들의 소명의식은 시스템 자체의 소명의식과 함께 만나기 때문이다.

이 책은 개인의 측면뿐만 아니라 기업의 측면에서도 다른 누구도 당신보다 더 훌륭히 완수하지 못하는 사명을 발견하고 실현시키도록 크게 기여할 것이다.

이러한 의미에서 나는 긴장감 있는(물론 적당한 긴장감을 조성하는) 이 책을 여러분에게 추천하며, 여러분 각자의 삶에서 많은 기쁨과 성공을 가져올 수 있기를 바란다.

비엔나 경제대학 정보경제학과 교수
알렉산더 카이저

차례

서문: 나를 이끄는 것은 무엇인가? _ 4

프롤로그 | 연금술 경영법칙

연금술의 비전 _ 12
연금술 경영법칙이란 무엇인가? _ 15
총체적인 수단이 성공을 이끈다 _ 21
연금술 경영법칙의 힘 _ 27
이 책의 사용 설명서 _ 31

제1장 | 인간_제1의 힘

인간은 변화의 창조자이다 _ 38
연금술사가 되는 길 _ 44
개혁의 중심에는 연금술사가 있다 _ 73
연금술과 기업전략 _ 78

제2장 | 도구_제2의 힘

경제학적 도구로 무장하라 _ 84
기업의 건강진단을 실시하라 _ 88
기업회생을 위한 검토 _ 102
위기의 원인을 분석하라 _ 116
위기극복 시스템과 지표 시스템 _ 128
장기적 회생을 위한 초안 마련하기 _ 176

제3장 | 영감_제3의 힘

창조적 영감을 자극하라 _ 192
영감과 지식 그리고 개혁 _ 199
미래는 개혁을 필요로 한다 _ 235

에필로그 | 연금술사의 미래 전망

연금술식 기업문화 _ 252
연금술적 기업문화를 위한 9가지 법칙 _ 259
연금술 경영법칙의 미래 _ 263
연금술의 역사에 대한 짧은 고찰 _ 269

감사의 말: 인생의 위기를 극복하며 _ 276
역자 후기: 신비주의에서 현실로 거듭나기 _ 280

프롤로그
연금술 경영법칙

인류의 지속적 생존을 위한 에너지원이 목성에 있고, 그 에너지원을 사용할 수 있도록 만드는 과제와 목표가 당신에게 주어졌다고 가정해 보자. 이 계획을 성사시키기 위해서는 머나먼 목성으로의 탐사가 불가피할 것이다. 당신은 이 과제를 해내리라 믿는가? 과제를 위해 어떤 계획을 세워야 할까? 당신에게 필요한 것은 무엇인가?

연금술의 비전

어떤 이는 세월이 변하기를 기다린다. 또 어떤 이는 세월을 움켜잡고 그것을 다스린다.
– 단테 알리기에리 (이탈리아의 시인)

나에게는 한 가지 비전이 있다. 인간의 힘과 미래에 대한 믿음, 그리고 우리 인간이 개혁의 원천이라는 믿음이 그것이다. 우리는 살기 좋은 세상을 만들어낼 수 있으며, 사회에 유익하고 우리 삶의 수준을 높여주는 기업을 창출할 수도 있다.

이것이 바로 연금술(Alchimedus)의 비전이다. 우리가 이러한 연금술적 사고를 지닌다면 자신의 진정한 강점을 인식하여 자신을 변화시키며, 사회를 위해 자신의 진가를 발휘하게 될 것이다.

이 사실은 역사 속의 수많은 사람들로부터 증명된다. 그들의 이야기를 들어보자.

콜럼버스는 인도로 가는 새로운 항로를 발견하리라는 비전을 갖고 있었다. 그는 가까이 존재하는 아프리카를 탐험하는 대신 미지의 길을 개척하고 머나먼 대륙을 발견하기 위해 길을 떠나고자 했다. 모두가 아프리카로 가기를 원했지만 콜럼버스는 인도행을 고집했다. 1492년 8월 2일 그는 쾌속선 2척과 대형선 1척을 이끌고 대담한 출항길에 올랐다. 그해 콜럼버스는 아메리카 대륙을 발견했고, 그의 신념으로 전 세계가 변화했다. 콜럼버스의 신대륙 발견 이후로 유럽의 대세가 아프리카가 아닌, 아메리카로 기울기 시작했기 때문이다. 따라서 1492년은 중세와 근세를 가르는 분수령의 해로 간주된다.

불가리아의 독립운동가 바실 레프스키(Vasil Levski)는 콘스탄티노플 대주교의 잔악한 공포정치 아래에서도 나라가 재건되리라는 신념을 버리지 않았다. 그는 폭정과 잔혹함을 혐오했으며, 불가리아를 독립국으로 만들어서 모든 국민들, 즉 불가리아인, 터키인, 유대인을 비롯한 모든 사람들에게 동일한 권리를 마련해 주고자 했다. 레프스키는 이러한 자신의 신념을 실행에 옮겼다. 그는 불가리아 전역을 돌아다니며 독립에 대한 자신의 이념을 사람들에게 전파시켰다. 이렇게 그는 독립을 위한 토대를 마련했고, 19세기 말 불가리아는 독립했다.

파울로 코엘료의 소설 『연금술사』에 등장하는 양치기 소년 산티아고는 자신의 신념을 따른다. 그는 아주 먼 곳의 피라미드에 보물이 숨겨져 있음을 안다. 강력한 꿈의 계시는 미지로의 탐험을 감행하는 힘을 그에게 부여했다. 산티아고는 여행 도중 다른 사람들을 돕기도 한다. 예를 들어 그는 파산 직전에 있는 한 유리 가게를 도와다시 일어설 수 있도록 한다. 그는 어리고 경험이 부족하지만 독자적 발의와 직감, 강인한 사고와 행동으로 작은 가게를 소생시켰다.

산티아고는 확고한 비전이 자신뿐만 아니라 다른 사람들에게도 효력을 발휘한다는 사실을 보여주었다.

누구나 늘 새로운 것을 발견하려는 콜럼버스가 될 수 있으며, 자유 속에서 살기를 열망하는 레프스키가 될 수 있다. 또 다른 사람을 도와 그에게 새로운 에너지를 불어넣는 코엘료의 연금술사가 될 수도 있다.

아마도 이러한 힘은 전면에 나타나지는 않지만, 늘 우리 내부에 존재하고 발휘되기를 기다릴 것이다. 연금술 경영법칙은 이 힘의 발현을 위해 일정한 틀을 제시하고 개개인의 발전을 촉진시킨다. 이제 조금은 특이한 예를 들면서 이야기를 시작해 보기로 한다.

연금술 경영법칙이란 무엇인가?

촉매의 기능은, 물질의 혼합에 간섭하지 않으면서 물질이 혼합되도록 한다.
– 파울로 코엘료

인류의 지속적 생존을 위한 에너지원이 목성에 있고, 그 에너지원을 사용할 수 있도록 만드는 과제와 목표가 당신에게 주어졌다고 가정해 보자. 이 계획을 성사시키기 위해서는 머나먼 목성으로의 탐사가 불가피할 것이다. 당신은 이 과제를 해내리라 믿는가? 과제를 위해 어떤 계획을 세워야 할까? 당신에게 필요한 것은 무엇인가?

당신은 과제수행을 위해 다음의 세 영역을 연금술적인 시각에서 조화시켜야 한다. 첫째, 다양한 분야의 전문가들로 구성된 팀을 조직해야 할 것이다. 그 다음으로는 비행선이나 항공역학에 관한 전문 기술과 지식이 마련되어야 한다. 마지막으로 어떤 어려운 단계라도 극복할 수 있는 강한 팀을 만들기 위해 팀원에게 창조적이며 미래지향적인 사고와 용기를 불어넣어야 한다. 우리는 이러한 정신을 보통 영감(Inspiration)이라고 부른다. 그러나 가장 중요한 것은 이 세 가지

원동력, 즉 인간과 도구, 영감을 성공적으로 조화시키는 것이다.

자, 이제 자신이 현재 추구하는 목표와 비전(예를 들어 가정 꾸리기, 더 나은 직업 찾기, 대규모 프로젝트 수행 등)을 따라 "삶의 여행"을 떠나보자. 조금 자세히 들여다보면 자신의 계획을 성공적으로 수행하기 위해서 또다시 인간과 도구, 영감이라는 이 세 가지 힘이 함께 작용해야 한다는 사실을 알게 될 것이다. 이 세 가지 힘이 제대로 작용하지 못한다면 당신의 목표와 비전이 과연 성취될 수 있겠는가? 이 사실을 깨닫는다면 다름 아니라 연금술 경영법칙이 효력을 발휘하는 것이다.

연금술 경영법칙은 삶과 기업경영을 위한 총체적인 구상이다. 인간과 기업은 이 법칙을 통해 눈을 뜨고 소생하게 된다. 연금술 경영법칙은 인간과 기업으로 하여금 그 진정한 힘과 성공으로 이끌도록 도움을 줄 것이다. 또한 그 포괄적인 방식 덕분에 공동체 정신을 발전시킬 뿐만 아니라 새로운 성장력을 가동시키고 목적을 향해 절도 있게 나아갈 수 있도록 해준다.

연금술 경영법칙은 다음의 기본 가정 및 규칙을 유념해야 한다.

❶ 인간은 타인과의 성공적인 교류가 필요하다. 또한 자신의 과제를 완수하기 위한 기술, 방법, 지식 등 형태의 도구가 필요하다. 마지막으로 만족감과 번영, 행복, 성공, 사랑 등 최상의 목표에 도달하기 위한 영감이 필요하다. 인간과 도구, 영감, 이 세 가지가 함께 작용할 때 비로소 개인뿐만 아니라 시스템도 원활히 작동한다.

❷ 인간은 자신을 적극적으로 계발시키고, 주변 사람들 역시 자신을 계발시킬 수 있도록 조성할 때 목표에 가장 가까이 도달할 수 있다.

❸ 이 세상에 존재하는 사람은 누구나 적당한 과제와 삶의 형태, 그리고 다른 누구보다도 더 잘 완수해 낼 수 있는 직업과 소명의식을 가지고 있다. 이러한 소명의식을 발견하는 것이 중요하다. 이러한 소명의식을 지니고 살아가는 사람은 자신뿐만 아니라 공동체에서 적절한 위치를 차지할 것이다. (비엔나의 알렉산더 카이저 교수)

❹ 계발을 촉진하는 주변 환경을 위해서는 자유와 책임, 신뢰, 공감과 규율 등의 중요한 가치를 인식하고 실행하는 것이 필요하다.

말하자면 연금술 경영법칙의 핵심은 인간과 자기계발, 완성을 향한 인간의 추구이다. 개개인의 발전은 공동체 및 기업의 발전과 뗄 수 없는 관계이다.

연금술 경영법칙의 최상위 법칙은 매우 간단하지만, 잘 지켜지지 않는다. 즉 나를 발전시키는 동시에 다른 사람들과 합류하면서 그들 역시 발전된다는 법칙이다. 당신 주변의 모든 것이 개진되면 다시 당신에게 빛이 돌아가고, 이를 통해 당신은 계속 자신을 계발시키게 된다. 상호촉진과 상호계발의 순환고리는 이렇게 작동한다. 그러니 당신의 소명의식을 발견하고, 다른 사람들이 자신을 계발할 수 있도록 도움을 주어라! 그렇게 하면 당신 자신과 당신의 기업에 있는 주변 사람들은 보다 만족감을 느낄 것이며, 이를 통해 보다 많은 결실을 이루어내고 이것을 서로에게 나누어줄 수 있을 것이다.

연금술적인 의미에서 계발이란 본인의 독창성과 소명의식을 발견하고, 이를 통해 공동체 내에서 나에게만 주어진, 전적으로 나만의 자리를 발견하는 것을 뜻한다.

개인이 자기계발을 소홀히 하면 기업이 제 기능을 발휘하지 못하게 되는 원인은 어디에 있을까? 연금술적인 관점에서 보면 그 원인은 인간과 도구, 영감을 제대로 조화시키지 못하는 데서 비롯한다. 특히 다음과 같은 상황이 그러하다.

❶ 타인과의 관계가 차단되고, 자신을 촉진적인 문화의 한 부분으로 파악하지 못하는 경우.

❷ 기술과 방법, 지식이 불완전하거나, 인간과 기업, 자연에 어떠한 영향을 미치는지 현실적으로 파악하지 못한 채 그것을 기계적으로 적용시키는 경우.

❸ 동료들에게 비전과 영감, 활력적인 목표의식이 결여되어 있는 경우.

그 결과 인간과 도구, 영감의 조화에서 발생되는 힘은 미약할 수밖에 없다. 또한 상황에 따라 인간의 영역, 혹은 도구의 영역, 혹은 어떤 이에게서는 정신적 영감의 영역이 결핍되어 문제가 발생할 수도 있다.

예를 들어 치열한 생존경쟁에 치여 개인적인 비전을 구축하지 못하는 형편이라면 기업에서 비전을 발견하여 성취할 수 있겠는가! 게다가 수많은 사람들은 자신이 살아남을 수 있는 안전한 자리를 획득하기 위해 고군분투한다. 이 경우 그들은 오직 자신에게만 초점을 맞추며, 따라서 자신의 목표와 조직의 목표를 조화시킬 줄 모른다. 타인에 대한 감각 역시 장려되지 못한다. 가장 심각한 경우 자신보다 능력이 뛰어난 타인에게 두려움을 느껴 그를 배제시키게 된다. 이러한 행위로 인해 조직의 방향감각이 상실될 수 있다. 이와 관련하여 바젤의 인적자원관리학과 교수 베르너 뮐러(Werner Müller)는 다음과 같이 쓰고 있다.

"기업 내 인간, 즉 기업의 구성원인 인간에게 양적으로 완전히 다른 두 가지 내용이 점점 확산되고 있다. 하나는 인간을 평가할 때 그들의 자율성과 독창성을 강조하며, 다른 하나는 인간에게 구속과 교환가능성을 전한다."

뮐러 교수에 따르면, 이것은 직원 사이의 신뢰감을 상실하게 하고, 따라서 일하는 즐거움을 부식시킨다고 한다. 일상적인 구조조정과 턴어라운드, 기업합병과 기업축소 등은 직원들의 경제기능을 축소시키며, 그들은 자신을 "인적자원"으로 느낀다. 즉 기계적으로 공급되고, 전략적으로 배치되고, 처분되고, 재배치되고, 팔리고, 회수되고, 상황에 따라서는 폐기처분되기도 하는, 자기가치 없는 물건으로 느끼는 것이다.

뮐러 교수의 진술에 따르면, 이 경우 직원들은 조심스럽게 행동하며 자신의 생각을 더 이상 표현하지 않고, 곤혹스러운 행동을 삼가며, 무엇보다도 자기 자신에게 몰두하고 더 이상 일을 계획하지도 않는다. 말하자면 더 이상 공동체의 미래를 위해 일하지 않는 것이다. 이것은 기업에 치명적인 결과를 가져온다. 진행 중인 프로젝트가 마비되고 중단되며, 구성된 팀과 제 기능을 발휘하던 구조가 붕괴된다. 고객들은 믿었던 기업과 더 이상 접촉하지 못하게 되면서 등을 돌린다.

밀러 교수는 이로부터 다음과 같은 결론을 끌어낸다. 기업 역시 윤리적이고 사회적인 경영행위를 기업평가와 업적평가에 도입해야 한다. 지금 우리 시대처럼 인간이 의미가 가득한 삶을 영위하고 자신의 가능성을 발견하고자 하는 욕망을 보다 많이 소유한 경우에는 더욱 그래야 한다.

그러므로 연금술사가 되어보라. 당신의 능력과 천부적 소질, 당신의 생동감에 부합하는 일을 행함과 동시에 당신의 기업에 직원들이 서로 신뢰할 수 있는 가치문화를 창출해 보는 것이다. 이 두 가지 행위는 기업에 점점 신속한 변화의 바람이 불 때에도 흔들리지 않는 안정적인 요인을 조성한다. 특히 기업이 위기에 처한 경우에도 마찬가지로 적용된다. 불평하는 것은 아무 소용이 없다. 원하는 상태에 다시 도달할 수 있는 유일한 가능성은 스스로 능동적이 되는 것이다.

연금술 경영법칙은 촉매와 같은 기능을 한다. 이 법칙은 당신에게 주위의 다양한 발전과 마주치는 계기를 부여할 것이다. 또한 당신이 어떻게 타인에게 '위기상황에서도' 진정으로, 그리고 장기간 지속되는 영감을 불러일으키고 새로운 것을 생성시킬 수 있는지 자문하도록 해줄 것이다. 바로 이 순간 당신은 어떤 준비를 할 수 있을까? 그리고 어떻게 하면 이 발전을 헛되지 않도록 할 수 있을까?

연금술 경영법칙에는 이 질문에 대한 해답이 강하게 담겨 있으며, 맹목적인 방법이 아닌, 실무에서 검증된 방법을 제시할 것이다.

총체적인 수단이 성공을 이끈다

경험에 익숙한 사람만이 수단으로 나아갈 수 있다. - 괴테

우리에게는 끊임없이 새로운 사고와 구상이 필요하며, 무엇보다도 이것을 시장과 사회에서 관철시키는 용기와 능력, 훈련과 의지가 필요하다. 직접 부딪쳐서 당신 자신과 동료들에게 영감을 불러일으키라! 다른 사람이 나서기를 기다리지 마라!

무언가를 치료한다는 것은 모든 원칙을 초월하여 옳은 것이다. 오늘날의 경제는 주로 물질적 생산에 국한된, 학문적으로 증명된 방법을 통해서만 개발될 수 있는 일차원적인 행위로 이해된다. 감정적, 정신적 그리고 영적인 영역은 "경제적" 수단을 투입하는 과정에서 종종 소홀히 여겨지는 경우가 많다. 기업 내의 인간에게 얼마나 많은 힘이 숨겨져 있는지, 인간이 얼마나 많은 영감과 에너지를 가지고 올 수 있는지가 드러나지 않는, 말하자면 사용되지 않는 경우는 매우 흔하다. 우리가 인간의 에너지로 통하는 입구를 발견하지 못한다면 막대한 기회를 놓치게 되는 것이다.

연금술 경영법칙은 장기적인, 그리고 더 큰 성공을 위한 총체적인 기업기획안이다. 이 법칙은 개별 인간에서부터 시작하여 기업이 소생할 수 있는 길을 제시한다. 또한 이 과정에서 기업의 성공에 필수적인 모든 힘들을 발굴하여 이 힘을 강화시키고, 미래의 기업비전을 창출한다. 동시에 연금술 경영법칙은 "정통의학"인 경영학도 포섭한다. 고전적인 경영학과 현대의 경영학은 인간과 공동체만이 기업을 소생시킬 수 있다는 사실을 너무 쉽게 간과한다. 그렇기 때문에 연금술 경영법칙은 경영학의 범위를 대안적인 "의술"과 의료수단으로까지 확장시킨다. 왜냐하면 기업의 변혁이라는 총체적인 관점에서 볼 때 경영혁신과 철학, 인재 발굴, 새로운 조직형태, 변화된 기업문화 등 이 모든 것이 동등하게 중요하기 때문이다. 따라서 당신역시 총체적인 관점에서 수단을 사용해야 한다.

연금술 관점에서 볼 때 인간을 활성화시키는 중요한 절차로는 바이오구조 분석기법(Biostructure-Analysis)과 연금술 잠재력 분석, 다양한 경영학적 수단들의 조화를 들 수 있다. 두 번째로 중요한 절차는 조직발전과 체계적인 코칭, 사명감 코칭(비엔나의 카이저 교수)이라는 행동방식으로 구성된다. 왜냐하면 자신의 사명감을 발견한 사람은 자신에게 정확하게 들어맞는 도구(기술과 방법)를 알기 때문이다. 그는 일과 삶의 과제가 예상되는 곳에서 자신을 비롯하여 다른 사람을 동원한다. 자신의 사명감과 더불어 자신의 인성, 다른 사람을 앎으로 인해 충만한 삶으로 나아가는 제1의 성공 요인이 성숙해지게 된다.

연금술 잠재력 분석 단계에서 마침내 한 기업의 가능성과 미래

영역이 발견된다. 이로써 오늘날 여러모로 탈인간화된 경제와 우리 존재의 개인적인 부분과 사회적인 부분 사이의 괴리감에 대한 해답이 설명된다. 기업이 지닌 약점의 징후뿐만 아니라 그 실제 원인이 발견되고 제거된다. 기업의 특수 잠재력(인간과 도구, 영감이라는 이 세 가지 힘 내에서)이 명백하다면 이것을 발전시키는 일이 필요하다. 이 과정에서 경영학과 경영혁신이라는 특수한 수단이 추가적으로 투입된다. 이 점에 대해서는 제2장 도구 편에서 상세히 기술될 것이다.

여기서 다시 한 번 강조되어야 할 것이 있다. 연금술 경영법칙이 당신에게 위에 언급된 수단들과 더불어 그것의 정확한 사용법을 제시하지는 않으며, 기본원칙과 방향점만을 제시한다는 점이다. 정확한 사용법은 개인적인 여행에서 스스로 발견하게 될 것이다. 모든 상황은 각기 다르며, 따라서 모든 순간은 서로 다른 조건들과 절차를 요구한다. 따라서 당신 자신의 영감과 창조성이 요구된다. 요한 볼프강 폰 괴테(Johann Wolfgang von Goethe)의 말을 빌리자면 이러하다. "경험에 익숙한 사람만이 수단으로 나아갈 수 있다."

여행은 대부분 "장애물"로 시작한다. 즉 위기의 기업, 붕괴된 사회, 낡은 제품, 갈등이 고조된 좋지 않은 분위기 등이 그것이다. 이러한 심각한 단계를 경험한 사람은 삶이 여기서 끝나지 않는다는 사실을 알고 있다. 여행은 결코 끝나지 않으며, 끊임없이 순환하기 때문이다. 이 여행의 각 단계는 개개인의 결정을 필요로 하며, 당신은 자신의 도전 앞에 서게 된다. 자아를 찾는 여정은 당신을 변화시킬 것이다. 그러므로 삶의 여정에서 방향을 조종하는 법을 배우라. 그리고 어떤 식으로라도 단순히 자리를 이동하지 말아라!

연금술과 의학

인생은 변화이다. 인생을 연금술적인 관점에서 통찰함으로써, 우리 자신 혹은 우리의 기업을 치유할 수 있을 뿐만 아니라 안정적인 시스템을 구축할 수 있는 능력이 우리에게 부여된다.

일례로 인간의 간 — 생명을 지속시키는 중요한 의미를 지닌 간(Lebber)은 "인생(Leben)"이라는 단어와 매우 흡사하다 — 을 연금술적인 시각에서 파악해 보고, 이로부터 우리의 직업적 삶과 기업의 안정성 구축에 대해 알아보자.

파라켈수스(Paracelsus)는 다음과 같이 쓰고 있다. "간은 배에 들어 있는 연금술사이다." 또한 동양 의학에서 간은 영혼의 본거지라고 한다. "서늘한" 간은 물이라는 요소에 속하며(냉하고 습함), 반대로 간에서 만들어지는 "따뜻한" 쓸개즙은 불이라는 요소에 속한다(따뜻하고 건조함). 따라서 간에서 생리학적이며 에너지론적인 변화과정이 발생한다. 뚜렷한 대조를 이루는 불과 물이 동일한 정상상태(steady state)에서 공존하는 한, 인간은 건강하다고 한다. 그러나 이러한 균형이 조금이라도 깨지면 물 혹은 불이 인간을 다스리게 된다.

정상상태란 말하자면 불과 물의 적정량을 가리킨다고 할 수 있다. 이러한 인식이 연금술사인 당신에게 무엇을 의미하는가? 팀을 한 번 살펴보라. 정열적인 투사와 성공에 초점을 맞춘 조직자 간의 혼합을 어떻게 생각하는가? 이러한 혼합이 생산적이며, 기업의 개혁 과정에 긍정적인 영향을 미치는가? 혹은 문제가 있는 경우 당신은 불같은 갈등을 해결하는 방안(물)에 어떻게 도달할 것인가?

연금술 경영법칙은 다층적이다. 이 법칙은 수세기 이전의 오랜 학문인 연금술과 위에 언급된 학문적 수단들, 의학이 지닌 치료의 단면, 파울로 코엘료의 『연금술사』의 주인공 산티아고의 자기발견 과정을 한데 결합시킨다.

순례자가 피레네에서 산티아고 데 콤포스텔라(Santiago de Compostela)까지 이어지는 700킬로미터의 긴 '야고보의 길'을 가듯, 당신 역시 연금술사의 길을 걸을 수 있다. 이 길은 각자 개인적인 순례 동기를 가진 다양한 사람들을 만나는 성지순례의 길이다. 이 길에서 당신은 인간과의 만남, 내적 변화의 비밀과 마술을 경험하게 된다. 이 여행은 당신의 자아를 경험하도록 불을 밝혀주는 인간적인 모험이 될 것이다. 또한 당신의 개인적인 삶뿐만 아니라 기업의 모험이 되기도 한다.

기업과 경제는 우리 존재의 일부이고, 전체 삶의 일부이며, 우리 경제의 일부이다. 고대 그리스인들은 이를 일컫는 아름다운 단어인 코스모스(KOSMOS)라는 단어를 사용했다. 이 단어는 물질적, 감정적, 정신적, 영적 범위를 모두 포함하는 모든 존재의 총합을 지칭한다. 이러한 전체적인 맥락에서 우리는 연금술 경영법칙의 수단을 이해할 수 있다. 연금술적 단초는 경제, 영혼, 윤리, 도덕을 총망라하며, 동시에 학문적 원칙과도 관계를 맺고 있다. 또한 연금술적 단초는 그 수단을 실행하는 과정에서 학문과 감정을 결합시킨다. 따라서 학문과 인간성, 능력은 연금술에서 권력, 위치를 비롯한 다른 "민감한 사항"보다 우위를 차지한다. 전체성은 다양한 새로운 영역과 단초들을 촉진시킨다. 예측불허의 새로운, 그리고 창조적인 수단과 해결방안이 여기서 생성된다. 이는 보다 풍부한 가치를 창조하며, 비약적이고 성공적인 변화에 이르는 길인 것이다.

예를 들어 당신에게 기업을 소생시켜야 하는 임무가 주어진다면, 당신은 짧은 시간에 고도의 압박 속에서 이러한 연금술적 관점을 현대의 기업경영의 수단들과 실무적으로 조화시키게 될 것이다. 또한 당신은 과거의 기업에서 새로운 기업을 형성시키기 위해 전력을 기울일 것이다. 다양한 변화들에 직접 부딪쳐보라! 현대 기업으로의 발전은 도식적인 행위나 사고를 벗어나는 것이 아니다. 당신은 비전과 개혁정신을 지닌 사람들이 필요하며, 그들은 신뢰할 만하고 안정적인 구조를 개발하여 새로운 길을 타진할 것이다. 제3자와 자문인들도 부분적으로 그들이 알고 있는 지식 면에서 도움을 줄 수 있다. 그러나 새로운 정신과 빛을 창조하는 것은 오직 기업 내의 인간만이 할 수 있다. 한 기업을 내부에서부터 소생시키는 사람은 이미 이 능력을 발휘하고 있는 것이다.

현대 기업경영의 목표는 모든 연금술 경영법칙의 잠재력(경영, 직원, 기술, 환경, 영감, 창조성)을 기업 내에서 유용하게 만들고, 본래의 가치를 창출하며, 중요한 부분을 잊지 않는 것이라고 할 수 있다. 해고와 구조조정, 변덕스러운 기업정책, 경영 간부의 감언이설 등, 어떻게 하면 이러한 상황에 휘둘리지 않고 새로운 과제에 관심을 기울이고 기업을 위해 전력을 다할 수 있을까? 신뢰할 만한 기업경영과 공동의 비전, 가치를 공유하는 것은 사람들의 공감을 살 것이며, 그들을 합류시켜 새로운 힘을 창출케 한다.

연금술 경영법칙의 힘

힘은 소음을 만들지 않는다. 조용히 존재하며 작용할 뿐이다.
— 알베르트 슈바이처

연금술 경영법칙은 당신과 매우 개인적인 관계를 맺고 있다! 그리고 당신은 연금술사로서 다른 사람들과 또한 매우 개인적인 관계를 맺고 있다. 연금술 경영법칙의 핵심은 바로 서로의 가치를 높이 평가하는 직원들 간의 교류이다.

기업의 단순한 규모와 경제력, 수익성은 그저 하나의 징조일 뿐이다. 연금술 경영법칙은 새로운 것을 창출하는 힘과 관계있다. 꾸준히 발전하고 생존하는 기업의 비결은 무엇인가? 또한 무(無)에서 아주 높은 위치로 성장한 기업의 비결은 무엇인가? 수년 동안 시장의 새로운 흐름에 대한 확실한 감각을 잃지 않고 그것에 맞춰 성공을 꾀한 기업의 비결은 무엇일까?

우리는 자문기관으로부터 단순한 숫자에 불과한 "주주가치 (Shareholder Value)"라는 의미 내에서 기업과 인간이 얼마나 무감각하게 교류를 하는지에 대한 이야기를 자주 듣게 된다. 모두가 그저 냉정하게 수익과 성장에만 집착하기 때문에 협력이나 기타 인간적인 단어는 전혀, 혹은 별로 가치를 지니지 못하는 경우가 허다하다. 만약 이러한 상황에서 빠른 성장을 이룩한다면 이것은 오히려 전염병과 다를 바 없으며, 마찬가지로 급속한 추락을 맞이하게 될 것이다. 많은 사람들이 이러한 사례를 혹독하게 경험했을 것이며, 수많은 기업의 윤리 역시 이러한 경우로 고통을 받기도 했다.

따라서 연금술 경영법칙은 지속적인 성공 토대인 신뢰성, 공동 가치에 기인하는 신뢰성을 제시한다.

여기서 신뢰성이란, 말과 행동에서의 신뢰성 모두를 뜻한다. 예전에는 악수 한 번이 구속력을 지녔고, 오늘날에도 역시 장문의 계약서는 흔히 존재하지 않는다. 이러한 가치는 재발견될 필요가 있다. 또한 신뢰성은 불신으로 생겨나는 막대한 손해를 줄일 수 있는 힘을 기업에게 부여한다.

당신의 직원들은 당신의 가족과 똑같이 윤리적 가치와 범주를 신뢰할 것이다. 이렇게 신뢰를 바탕으로 구축된 관계는 단기적인 돈벌이를 초월한 장기적인 성공의 밑거름이다. 당신의 꿈을 동료들의 꿈과 단결시키라! 당신의 열정을 끌어들이라! 직원들에게 당신의 윤리와 입장을 제시하고 동시에 규율과 지식, 심오한 전문지식을 그들에게 유입시킴으로써 직원들을 지도하라! 여기서 규율이란 자기 원칙을 뜻한다. 말하자면 당신이 자신의 통찰력을 통해 내면적으로 요구하는 그런 규율인 것이다. 그래야만 당신의 기업은 진정한 개혁을 경험할 수 있으며, 그래야만 납에서 금이 생겨난다.

안정적이며 성장하는 기업을 위한 또 다른 요소는 창조성과 상상력이다. 이 두 가지 요소 역시 상호 이해를 바탕으로 하는 교류를 통해서만 생겨나며, 깊고 진정한 지식을 필요로 하기 때문에 그저 기발한 아이디어라고 매도되지 않는다. 풍부한 상상력만으로는 충분하지 않다. 이것은 일상생활에서 입증되어야 하며, 오래 지속될 능력이 있고 생산적이어야 한다.

진정으로 성공적인 기업들은 연금술 경영법칙의 총체적인 접근 방식을 직관적으로 따른다. 당신 또한 당신의 기업과 가정에서 연금술 경영법칙의 효과를 매우 의식적으로 발휘하게 할 수 있다. 이를 위해서는 오직 한 가지 행동만 필요할 뿐이다. 바로 지금 여기서 이 법칙을 실행하는 것이다.

연금술 경영법칙에 세심한 주의를 기울인다면 당신은 곧 놀라운 사실을 발견하게 된다. 당신이 소유한 어떤 힘과 재능이 강조될 수 있는가? 다른 사람에게 당신은 무엇을 줄 수 있는가? 당신의 비전은 무엇인가? 당신이 충만한 인생을 느끼는 곳, 다른 사람들이 당신에게서 무언가를 받아들이는 곳에서 당신 자신을 관찰해 보라. 그리고 자신을 관찰한 내용을 기록하고, 주변 사람들로부터 피드백을 얻으라. 어느 누구도 혼자서 연금술의 여행을 하지는 않는다. 자아추구의 여행은 당신 본연의 정체성과 성숙함으로 당신을 이끌 것이다. 여행 과정에서 당신에게 많은 일이 일어날 것이다. 유일한 전제조건은 당신이 의식적으로 이 과정에 참여하여, 이에 주의를 기울이고 새로운 것이 생성되게끔 노력하는 것이다. 당신이 헌신하지 않고 오직 기술만을 적용시킨다면 당신의 시도는 실패로 돌아갈 것이다. 그러므로 이 변화과정을 몸소 겪어야 한다.

이 책을 읽기 시작하기 전에 잠깐의 시간을 내라. 많은 내용들이 당신에게 새로울 것이다. 아래의 몇 가지 질문에 대한 당신의 생각을 그림이나 글로 한 장의 종이에 적으라.

★ 지금 당신의 감정은 어떠한가?

★ 당신은 마음과 영혼을 다해 당신의 일에 임하는가? 아니면 그저 생계를 위한 직업인가?

★ 당신은 함께 일하는 동료와 조화롭게 지내는가? 아니면 그들과 모순이나 논쟁, 혹은 투쟁관계에 있는가?

★ 당신은 자신이 각개 전투병이라고 생각하는가?

★ 나는 삶 속에서 나의 소명감을 무엇이라고 생각하는가?

★ 우리는 건전하고 생기 넘치며, 미래가 촉망되는 기업을 어떻게 구축할 수 있는가?

★ 우리는 인간의 꿈을 기업의 미래와 어떻게 연결시킬 수 있는가?

★ 경제는 인간과 인간의 삶, 그리고 전체 인류에게 어떻게 공헌할 수 있으며, 나의 작고 큰 세계를 장기적으로 형성하는 데 어떤 기여를 하는가?

당신은 연금술 경영법칙에서 이에 대한 해답을 발견할 수 있다!

이 책의 사용 설명서

무언가를 간절히 원하면 온 우주가 그 소망이 실현되도록 도와준다.
- 파울로 코엘료

이제 당신은 "자아를 찾는 여행이 어떻게 진행될까?"라는 궁금 증이 생길 것이다. 따라서 여행과 비교될 수 있는 이 책의 구성에 대해 짤막하게 설명해 보도록 하겠다. 그러나 여행상품 카탈로그가 당신이 여행 중에 무엇을 경험하는지를 알려주지 않듯이, 이 책의 내용을 간추린 다음의 짧은 설명 또한 당신이 여행 중에 무엇을 겪을지에 대해서 알려주는 바는 별로 없을 것이다. 그러므로 다음 설명을 자신에게 영감을 불어넣는 도구로 활용하고, 앞으로 등장하는 질문들에 대해 솔직하게 대답하고 행동을 개시하라!

연금술 경영법칙은 세 영역으로 분류되며, 각 영역 모두 당신 자신과 당신의 기업에 새로운 에너지를 부여할 것이다.

"인간"의 영역은 당신이 지금까지 감행하지 않은 행위들을 하도록 당신에게 영감을 불어넣는다. 예를 들면 당신 본연의 인간이 되는 행위, 당신의 모든 의지와 창의성을 관철시키는 행위, 당신의 꿈과 비전을 위해 에너지를 투입하는 행위, 외부에 의해 조종되는 세계에서 고갈되지 않는 행위 등이 있을 것이다. 당신은 "인간"의 영역에서 새로운 도전과제들을 어떻게 찾으며 어떻게 마주치는지, 또 동료 및 직원과 함께 이 과제들을 공동으로 어떻게 수행해 내는지를 경험하게 된다. 이로써 당신은 다른 사람들을 통솔하고 그들에게 동기를 불어넣는 방법, 정신적 리더십에 도달하는 방법 역시 배우게 될 것이다.

"도구"의 영역은 기업의 위기를 극복할 수 있는 경영학적이며 기술적인 장비를 당신에게 제공한다. 또한 이 영역은 본질을 꿰뚫는 통찰력을 당신에게 가르칠 것이다. 당신은 "도구"의 영역에서 습득한 수단들을 매일 활용하고 다양한 작업분야에 걸쳐 두루 확대적용 시켜야 한다.

"영감"의 영역은 미래를 설계할 수 있는 추진력을 당신에게 일깨워준다. 영감은 열정의 힘이라고 할 수 있다. 이 힘이 없었다면 민주주의와 증기기관차나 자동차, 비행기 등의 위대한 발명도 없었을 것이다. 이 영역은 앞서 두 영역의 토대 위에서 구축된다. 다시 말해 당신은 "인간"과 "도구"의 영역에서 능동적 요소인 인간으로서 결정적인 역할을 내면화하고, 자신과 기업에게 필수적인 도구를 습득했다. 이제 당신 앞에는 미래로 향하는 길이 열려 있다. 기업의 모든 분야를 일단 자세히 진단해 본다면 구습은 타파될 수 있다. 영감은 이 과정에서 당신이 지속적인 기업 개혁과정을 확립하고, 이로써 안정적이며 활력적인 기업이 되는 가능성을 당신에게 제공할 것이다.

연금술의 숫자 3은 이 책 전체에 걸쳐 관련되어 있다. 이를테면 흙과 물, 불이라는 세 가지 원소는 인간과 도구, 영감이라는 세 가지 힘과 부합한다. 이 세 가지 원소가 조화로운 균형을 이루면 적당한 긴장감, 혹은 제4원소인 공기 내지 고도의 정신력, 사회적 책임감과 공감이라는 공동체의식이 생겨난다. 또한 세 가지 연금술 변형의 힘들(소금과 황, 수은), 천체의 별자리인 태양과 달과 지구, 또한 성자, 성신, 성부라는 삼위일체를 적용한 연금술의 삼위일체설 역시 3이라는 숫자와 관련된다. 또한 3은 육체와 영혼, 정신(Corpus, Spritus, Anima)의 삼위일체를 구현한다. 연금술사가 개인 및 공동체의 육체와 영혼, 정신을 일깨우고 그들에게 새롭고 조화로운 관계를 형성해준다면, 삶이라는 삼각형에서 적당한 긴장감이 생성된다.

연금술 경영법칙을 맞이하기 전에 당신의 에너지와 영혼, 당신의 육체에 깃든 정신이 갇혀 있는 상태라면 당신의 진정한 능력은 계발될 수 없다. 연금술사로서 당신의 임무는 그것들을 해방시키는 것이다. 이 임무는 여러 단계에 걸쳐 이루어지는 고전적인 연금술 행위에 견주어 볼 수 있다. 즉 제1단계에서 당신은 기본질료인 "최초의 물질(prima materia)"을 발견하고, 다음 단계인 변형을 위해 이 물질을 준비시킨다. 제2단계에서 당신은 최초의 물질을 분석하고 정화시킨 다음, 이것을 새롭게 혼합하고 분류시킨다. 마지막 제3단계에서 금, 즉 당신 본연의 에너지가 출현한다. 바로 여기서 영감이 작용한다.

이 모든 단계들을 순차적으로 수행해야 한다는 사실을 유념하고, 각 단계 및 그 중간 이행단계에서 예식을 거행하라. 다시 말해 개인적 혹은 사회적인 낡은 짐과 쓰레기를 벗어던지고, 자기 자신과 다른 모든 사람들에게 새로운 시간이 시작됨을 선포하라. 그리고 당신의 잠재의식을 새롭게 가동시키고, 이제 새로운 시작의 가능성과 새로운 사고가 열려 있다는 사실을 확인시키라. 모든 준비가 완료되었다면 이제 여행을 떠나는 것이다!

방법론과 토대

다음 내용을 주의 깊게 읽고, 이 내용을 바탕으로 이 책을 읽어 나가라.

연금술 경영법칙은 "인간"과 "도구", "영감"이라는 고전적인 세 가지 분류법에 토대를 둔다. 이러한 분류는 각 장(章)마다 등장하는 글과 그림, 방법론에도 적용된다. 각 세 영역에 모두 똑같은 비중을 두며 읽어야 하는 이유는 무엇인가?

연금술 경영법칙의 세 가지 분류는 이른바 바이오구조 분석법(Biostructure-Analysis)에 토대를 두고 있다. 바이오구조 분석법은 미국의 학자 폴 맥린(Paul D. Maclean)의 연구와 인류학자이자 뇌 연구자인 롤프 쉬름(Rolf W. Schirm)에 의해 1997년에 처음 등장하여(『인성의 발전Evolution der Personlichkeit』참조) 오늘날에는 위르겐 쉐멘(Juergen Scheomen)에 의해 보급되었다.

맥린은 인간의 뇌가 세 가지 기본적 형성단계를 통해 진화했다는 이론을 입증했다. 그는 인간의 행동양상을 해명하는 열쇠를 제공하는 질서와 기능법칙을 발견한 것이다. 맥린의 이 이론은 "삼위일체 두뇌모형(Triune Brain)"이라고 불린다. 이 이론에 따르면 인간의 뇌는 세 가지 뇌로 구성되며, 각 뇌 영역은 기능과 진화 시대, 특성 면에서 뚜렷하게 구분되고 파충류와 초기 포유류 내지 영장류, 후기 포유류와 유사성을 보인다.

맥린은 뇌의 세 영역을 다음과 같은 이름으로 구분했다.

★ 뇌간(腦幹, 파충류형 뇌)—2억 5,000만 년의 진화역사를 지닌 가장 오래된 뇌.

★ 간뇌(間腦)—약 1억 년 정도의 초기 포유류형 뇌. 자기편인지 혹은 적인지의 여부만 인식가능.

★ 대뇌—진화역사상으로 가장 최근의 뇌. 고도의 포유류 동물에게서 비로소 생성됨.

뇌간은 인간의 감정과 본능, 신체적이며 생물학적인 과정을 조종하고, 간뇌 역시 신체현상을 다스리며, 대뇌는 사고와 지식 등 판단기능을 담당한다. 세 영역은 모두 동시에 작용하지만, 각각의 특성은 유지된다.

어느 뇌 영역이 인간에게 가장 큰 영향을 미치는지는 유전학적 성향에 따른다. 이 유전학적 성향으로 인간의 인성구조가 결정된다. 많은 사람들에게서 지배적인 기능을 담당하는 뇌 영역이 각기 다르므로, 매우 유사한 상황에서도 서로 다른 반응이 나타난다.

★ 녹색 = 감정적이며 본능적인 뇌간
★ 적색 = 감정적이며 충동적인 간뇌

★ 청색 = 이성적이며 냉정한 대뇌

 이 책을 구성하는 각 세 장(章)은 뇌의 한 영역과 매우 특수한 방식으로 관련된다. 그러므로 당신 또한 인간과 도구, 영감이라는 세 힘 중 하나에 역시 매우 특수한 방식으로 관련된다는 사실을 느낄 것이다. 그러나 한 영역만 읽고 다른 두 영역을 건너뛰거나, 혹은 반대로 두 영역을 읽고 마지막 한 영역을 생략해서는 안 된다. 연금술 경영법칙에 따르면 인간과 기업이 총체적으로 회생하기 위해서는 당신에게 지배적이지 않은 뇌 영역이 특히 중요하기 때문이다.

 기업 역시 흔히 설립자의 마인드에 따라 특정한 뇌의 지배에 따르게 된다. 예를 들어 경영학적 도구를 완벽하게 지배하고 있음에도 불구하고 시장에서는 힘든 상황에 처해 있는 기업들이 있다. 그 이유는 기업 내 인간이 사명감을 지니고 있지 않기 때문이다. 또 일부 기업들은 매우 훌륭한 인간관계를 형성하고 재정적 도구를 올바르게 투입하고 있지만, 신제품 개발을 향한 영감이 결여되어 있다. 또한 대단히 창조적이며 혁신적인 기업이지만 재정적으로는 결코 성공하지 못하는 경우가 있다. 그 이유는 경영학적 도구를 제대로 다스리지 못하기 때문이다.

 그러므로 세 장(章)을 모두 읽고 배우도록 하라. 그리고 당신의 가능성을 발견하라. 당신의 개인적인 뇌구조 탓에 당신 자신과 당신의 기업, 혹은 팀에게 강한 마인드를 심어주지 못하는 영역을 발견하도록 하라.

제1장

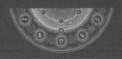

인간_제1의 힘

당신의 길은 당신의 비전으로 시작된다. 당신은 10년 후 어느 대기업의 유럽 지사를 운영하기를 원하는가? 독립하기를 원하는가? 당신은 적어도 일주일에 한 번씩 10시에 가족들과 함께 아침식사 하기를 원하는가? 당신은 환경공학적인 최상의 제품을 시장에 내놓기를 원하는가? 아니면 당신의 직원을 위해 최고의 작업환경을 마련하기를 원하는가?

인간은 변화의 창조자이다

수천 마일의 여행은 첫 발걸음으로 시작된다. - 노자

나는 행복하기를 원하며, 우리 모두가 행복해지기를 바란다. 그리고 우리 모두에게는 행복해질 권리가 있다. 하지만 진정으로 행복한 사람은 극소수이다. 그 이유는 도대체 무엇일까? 행복하지 못한 사람들은 삶을 변화시킬 힘을 자신이 쥐고 있다는 사실을 알지 못하기 때문이다. 물론 노화현상처럼 우리의 능력으로는 한계에 부딪히는 현상들이 있다. 그러나 대부분의 상황에서는 우리 스스로 매우 적극적인 영향을 줄 수 있다. 행복은 우연이 아니다. 바로 우리 스스로 행복한 삶을 만들어갈 수 있다.

삶을 능동적으로 바꾸라

많은 사람들은 자신의 숙명과 불공평한 상황, 동료, 운명 등에 대해 불평을 늘어놓는다. 이런 사람들은 관람자의 신분으로 자신의 생을 살아간다. 또 어떤 사람들은 다른 사람들의 생각과 가치관에 따라 살아간다. 현대인은 치열한 경쟁관계로 인해 삶과 가치관의 중요한 부분이 조종당한다. 이로 인해 그들은 삶의 의미를 상실하고 결국 불행해진다. 대부분의 사람들은 어쩔 수 없이 해야 하는 일을 하며 살고 있지만, 연금술사는 자신이 원하는 일을 한다.

꿈을 찾아가는 길

우리는 흔히 훌륭한 외모와 신분의 상징, 영원한 젊음에 예속되어 있는 듯하다. 그러나 살아가면서 언젠가 이러한 가치들을 무조건 옹호할 필요는 없다는 사실을 각자 알게 된다. 행복으로 향하는 진정한 길은 의식적인 결정과 장애물이 따른다. 어떤 사람에게는 부모님과 친구들, 혹은 사업파트너와의 기본적인 논쟁이 장애물이 되며, 또 어떤 사람에게는 질병이나 또 다른 운명의 시련이 장애물이 되기도 한다. 이러한 장애물은 그들에게 경각심을 일깨우고, 그 결과 그들은 과거와는 완전히 다른, 현실적이며 참된 길로 나아가게 된다.

이것이 바로 연금술사의 길이다. 이 길은 단순하지 않다. 좀더 편안한 수많은 길이 존재하지만, 저항이 없다면 그것은 참된 삶이 아니라 외부에 의해 조종되는 공허한 삶인 것이다. 연금술사의 길은 자아와 자신의 소명을 향하는, 힘겹지만 아름답고 매혹적인 길이다. 또한 꿈을 따르는 개인적인 삶의 행로이기도 하다. 많은 사람들은 어릴 적에 잠을 자면서 꿈을 꾼다. 그러나 성인이 되어 매일 계속되는 일과 의무, 수많은 다른 일상 행위들로 인해 그들의 꿈을 실현시키지 못한다. 꿈을 꾸고 난 후 그들은 자문해 본다. 그리고 이렇게 말한다. "물론 나는 그렇게 하고 싶지만 할 수가 없다. 내 집, 담보……." 혹은 하루하루의 일상이 다른 사람들과 똑같이 돌아간다. 모든 나날이 똑같다면 당신은 자신에게 일어나는 좋은 일이 무엇인지를 깨닫지 못한다. 당신이 아이였을 때는 삶에서 원하는 당신만의 비전이 무엇인지 알고 있었을 것이다. 그러나 나이가 들면서 일상적인 삶의 압박 속에서 그것을 잊어버린 것이다.

인생에서 우리의 유일한 현실적 임무는 우리의 개인적인 인생계획을 성취하는 것이다. 그러나 우리의 인생계획이 어디에 존재하는지 어떻게 알 수 있을까?

의식적인 결정으로서의 삶

연금술사의 삶이란 의식적인 결정을 의미한다. 이러한 결정으로 보다 고차원적인 상태에 도달하고, 단순한 에너지 단계에서 다음 단계로 발전하게 된다.

당신의 의식적인 결정은 당신 자신과 다른 사람들을 고차원적인 에너지 단계로 끌어올린다. 이로써 당신 자신과 기업 전체가 자아중심적 상태에서 공감을 형성하는 상태로 변환된다. 당신은 다른 사람들을 돕고, 그들에게 무언가를 가르치기 시작한다. 당신은 당신의 깊은 영혼에서 기인하는 무언가를 애타게 바라기 시작한다. 당신의 비전이 점점 강해지고, 당신은 자신에게 주어진 삶의 과제를 발견하게 된다.

연금술사는 자신에게 주어진 삶의 과제를 다음과 같이 이해한다. "내가 나를 발전시키면 나의 주변 전체가 발전한다. 또한 긍정적인 행동과 사고를 향한 나의 노력은 결코 헛되지 않다. 이러한 노력은 내가 살고 있는 공동체와 시스템을 계속 발전시킨다. 우리 모두는 성공을 기약한다."

금은 꾸준한 발전을 상징한다

연금술사에게 금은 물질의 최고 완성을 의미한다. 또한 금은 연금술사의 능력과 기술을 계속 발전시키는 노력을 상징하기도 한다. 많은 사람들은 인생의 금을 과거에도, 그리고 지금까지도 찾고 있다. 그러나 금을 최종 목표로서 찾는 한 그들은 진정한 연금술사가 되지 못한다. 왜냐하면 그렇게 되면 그들은 개인적인 인생계획의 결말에서 보물을 찾게 되고, 그곳까지 이르는 과정에서는 본연의 인생계획대로 살려고 하지 않기 때문이다. 그러나 인간이 배워야 하는 모든 가르침은 인생의 여정에서 얻을 수 있다!

또한 우리는 단순한 시대에 살고 있지 않다. 많은 이들이 경제위기와 업계위기, 혹은 시장위기에 대해 이야기한다. "위기"라는 개념은 일상용어에서는 일반적으로 부정적인 의미를 담고 있다. 그러나 조금 자세하게 관찰해 보면 위기는 포괄적인 의미를 갖는다. 그리스어로 "위기(crisis)"는 단호한 결정이나 전환점, 특정 갈등이 첨예화되고 난 후 그것의 지속적인 진행을 결정해야 하는 심리기제의 중요한 단면을 의미한다. 〔신판『브로크하우스(Brokhouse)』, 3권, 제6판 1979. 271쪽.〕

또한 한자로 "위기危機"라는 글자에는 "기회機會"의 의미가 내포되어 있다. 즉 위기는 늘 더 나은 상황을 향한 가능성을 필요로 한다. 이러한 정의에 따르면 위태로운 상황을 계속 진행시켜야 하는 이유는 명백해진다. 문제는 누가 그때그때 올바른 행위를 취해야 하는가이다. 한 명 혹은 여러 명의 책임자들을 찾고 자신은 편안하게 뒤로 물러나거나, 혹은 신경을 곤두세워 위기의 과정을 지켜보는 것으로 충분한가? 이러한 행위는 결국 회사가 제동을 가하지 않은 채 빠른 속도로 벽에 부딪치는 모습을 수수방관하는 것과 같다. 말하자면 당신은 재앙을 예측하면서도 아무런 조치도 취하지 않는 것이다. 어차피 당신의 회사가 아니니 말이다. 심지어 당신은 회사가 문을 닫기 전에 새로운 일자리를 알아봐야 하는 것은 아닐까 자문하기도 한다. 어쨌든 먹고살아야 하니 말이다.

또 다른 가능성은 당신이 회사의 운명을 직접 개척하는 것이다. 연금술 경영법칙은 당신이 자신의 주변 환경에 영향을 줄 수 있는 방법을 제시한다. 당신이 조직 내에서 소위 높은 자리의 "권력"을 가지고 있지 않은 경우에도 말이다.

연금술 경영법칙은 당신이—어떤 기본재료를 가지고 있건—"인생의 금"을 만들 수 있는 이상적인 해결책을 제시하지는 않는다. 그러나 다양한 기본재료를 조화시켜 값진 최종 산물을 얻을 수 있는 힘을 당신에게 부여한다. 이를 위해서는 인간과 중요한 경제적 도구, 미래를 위한 영감의 힘인 심오한 통찰력이 필요하다. 오늘날의 연금술사는 중세의 연금술사처럼 더 이상 자연이 아닌, 인습적인 구조에 대항하여 싸운다. 당신이 누구나 걷는 일반적인 길을 택한다면 오직 퇴행만이 따를 뿐이며, 새로운 것을 발견하지 못한다.

신학자 조르다노 브루노(Giordano Bruno)는 지구가 태양 주위를 회전한다는 주장을 했다는 이유로 이단자로 매도되어 화형에 처해졌다. 토머스 스티븐슨(Thomas Stephenson)이 기관차를 고안해 냈을 때, 신랄한 수학자들은 바퀴가 회전하기 때문에 기차가 미끄러운 선로 위에서 절대로 짐을 실을 수 없음을 "입증"했다. 회의론자들의 역사는 길다. 새로운 길을 감행하는 자는 항상 처음에 현상유지(Status Quo) 옹호자들과의 투쟁을 감수할 수밖에 없다.

연금술사가 되는 길

아래에 기술되는 내용은 연금술 경영법칙에서 인간과 기업의 성장과정을 위한 토대를 형성한다.

당신의 비전으로 길이 시작된다

당신의 길은 당신의 비전으로 시작된다. 당신은 10년 후 어느 대기업의 유럽 지사를 운영하기를 원하는가? 독립하기를 원하는가? 당신은 적어도 일주일에 한 번씩 10시에 가족들과 함께 아침식사 하기를 원하는가? 당신은 환경공학적인 최상의 제품을 시장에 내놓기를 원하는가? 아니면 당신의 직원을 위해 최고의 작업환경을 마련하기를 원하는가? 또는, 또는, 또는…….

헨리 포드(Henry Ford)는 다음과 같이 말했다. "나는 박람회에 선보일 자동차를 한 대 만들려고 한다. 가격이 매우 저렴하여 누구나 소유할 수 있는 그런 자동차 말이다." 그는 1903년 6월 15일 2만 8,000달러의 자본으로 포드 자동차(Ford Motor Company) 사를 설립했다. 이것은 그의 비전이었고, 비전의 실현은 오늘날 전 세계적으로 알려졌다.

그러나 당신의 비전은 간단한 프로젝트의 목표달성일지도 모른다. 비전을 성취하기 위해 당신에게 헨리 포드와 같은 성공 스토리가 필요한 것은 아니다. 당신의 비전은 무엇인가? 그 비전이 당신에게 얼마나 풍부한 영감을 불어넣는가? 그 비전이 얼마나 당신을 행동하게 만드는가? 당신의 꿈을 실현시키기 위한 에너지를 투입하는데 장애가 되는 것은 무엇인가? 당신의 꿈 혹은 당신의 비전과 당신의 현 상태 사이에 괴리감이 존재할 때, 바로 이 순간에 당신의 여행은 시작된다. 당신의 비전을 위해 멈추지 말고 당신이 지닌 힘을 발휘하고 당신의 삶에 영감을 불어넣으라. 당신에게는 목표가 있다! 당신의 비전을 위해 일하고, 당신의 비전을 위해 살아가라! 아마 당신은 과거를 돌이켜보면서, 왜 더 일찍 진력을 다해 비전을 추구하지 않았는지 자문하게 될 것이다.

당신의 비전이 아직 확고하다는 생각이 들지 않는다면, 당신의 비전에 다음의 요소들이 내재되어 있는지를 살펴보라.

★ 당신의 비전은 명료한 미래와 현실과 관련을 맺고 있는가?
★ 당신의 비전은 그림이나 장면으로 묘사될 수 있는가?
★ 당신의 비전은 인간과 밀접한 관계가 있는가, 그리고 인간에게 영향력을 발휘할 수 있는가?

그렇다면 당신의 비전은 연금술사의 길을 구성하는 한 부분이 될 것이다.

연금술사의 신조

리더십을 발휘하기 위해

당신 자신, 당신의 능력과 소질을 계발하라.

그리고 당신의 사례를 통해 경영하라.

다른 사람들에게 영감을 불어넣고,

그들을 목적지까지 인도하기 위해 당신의 비전을 펼쳐라.

다른 사람들이 그들의 소질을 계발할 수 있도록 격려하고,

당신의 동행인들에게 강한 영향을 심어주라.

그렇게 되면 당신은 공동의 비전을 펼칠 수 있다.

한계와 위기를 보다 잘 이해하는 법을 배우기 위해

체계적인 사고를 훈련하라.

조셉 오코너

왜 '전체'인가? 베네딕트 수도사인 안젤름 그륀(Anselm Grün)은 이렇게 말한다. "그저 어렴풋이 혼자서 살아가는 사람, 아무런 취향 없이 무미건조하게 살아가는 사람은 스스로 상처를 입게 된다. 그러나 자신에게 좋은 것이 무엇인지를 느끼는 사람, 불편한 일이나 다른 사람의 기대와 부합하지 않는 일을 하지 않는 사람은 스스로 빛나게 된다." 연금술사가 된다는 것은 당신의 개인적인 비전을 펼치고 다른 사람들과 조화를 이루며 발전하고 성장하는 것을 의미한

다. 형식적인 권위가 존재하지 않는 경우에도 직원들은 진정한 연금술사의 길을 따를 수 있다. 그러므로 자신부터 시작하라, 바로 이 순간부터!

자신부터 시작하라!

삶의 커다란 의미는 어떤 것을 아는 데 있는 것이 아니라, 어떤 것을 행하는 데 있다.
– 올더스 헉슬리 (영국의 철학자)

행복은 우연이 아니다

그 이유는 매우 간단하다. 당신의 행복은 하늘에서 떨어지지 않기 때문이다. 당신이 스스로 자신의 행복을 만들고 당신의 생각을 통해 행복을 직접 창조하는 것이다. 우리가 잘 알고 있는 영어 단어인 "해피(happy)"는 아이슬란드어 단어 "happ"에서 파생되었다. "happ"라는 단어는 행복한 우연을 지칭할 때 사용된다. 연금술사는 정신(Geist)을 단련함으로써 자신의 끊임없는 행복을 꾸준히 그리고 장기간 지속되도록 만들어간다. 이러한 관점에서 "정신"은 지성과 감정, 오성, 마음의 의미를 함께 지니고 있다. 당신은 내면에서 우러나온 규율의 도움으로 자신의 정신적 입장을 스스로 발전시킬 수 있으며, 이로써 당신의 삶 전체가 발전된다. 그러므로 출발 신호가 울리기를 기다리지 말고 지금 시작하라!

삶에는 자기연민이 존재하지 않는다

많은 사람들은 어떤 행동을 개시하기 전에 미리 허락을 구한다.

허락을 얻지 못한다면 당신은 아무런 행위도 하지 않거나 자기연민에 빠지게 된다. 그러나 다른 방식을 선택하면 상황이 나아질 수 있다는 사실을 인식하라! 이러한 규칙 자체를 변경하라. 그리고 오직 자신만을 위해 일하지 말라! 당신이 자신뿐만 아니라 조직 전체를 함께 고려한다면, 기업의 전체적인 마인드와 가치체계를 변화시킬 수 있다.

달라이 라마는 모든 사람들의 마음에 공감을 일으키는 말을 했다. "내면에서 생성된 규율은 수많은 일과 방법에 확대 적용될 수 있다. 그러나 대부분의 사람들은 행복에 이르는 요소들을 확인하는 행위부터 시작한다. 또 어떤 사람들은 불행에 이르는 요소들을 확인한다. 그 결과 후자의 사람들은 차츰차츰 소멸되고, 전자의 사람들은 보호된다. 이것이 바로 길이다."

자신의 삶과 조직의 체질을 개선하고 함께 긍정적인 분위기에 도달하기 위한 첫 발걸음은 이러한 상황을 확인하는 것부터 시작된다. 말하자면 특정 감정과 행동방식이 전체의 성공과 전체의 에너지 상태, 개개인의 행복에 어떤 부정적 영향을 미치는지 파악해야 한다.

예전에 어떤 것을 찾는 사람이 있었다. 그는 바로 자신의 문제를 해결할 수 있는 방안을 구하려고 했으나 도통 찾을 수가 없었다. 그는 더욱 격렬하게, 더욱 끈질기게, 더욱 빨리 찾아보았지만 역시 아무 대답도 발견하지 못했다. 어느덧 뒤따르던 해결책은 이미 숨 가쁜 상태가 되어버렸다. 즉 해결책은 한 번도 숨을 돌리거나 주변을 돌아보지 않은 채 이리저리 질주하는 그의 속도를 따라잡을 수가 없었던 것이다. 어느 날 그는 낙담하여 돌 위에 주저앉아 머리를 양손에 파묻고 잠시 휴식을 취하고자 했다. 이때 그가 한 번이라도 멈추리라고 전혀 믿지 않았던 해결책은 분노에 가득차서 그에게 걸려 넘어지고 말았다. 그리고 그는 그렇게 갑자기 자신에게 엄습한 해결책을 붙잡았고, 매우 놀란 채 해결책을 자신의 손에 넣은 사실을 깨달았다.

(작자 미상)

인과법칙

동기는 인식을 관통하는 인과이다. – 아르투어 쇼펜하우어

많은 직장들이 모빙(Mobbing)의 온갖 행태들, 예를 들면 헛소문이나 불공정한 실무행태, 업신여김, 해이한 원칙 등을 있는 그대로 방치하고 있다. 이러한 악습을 신속히 제거하기 위해서는 본인이 먼저 솔선수범해야 한다. 그렇게 하지 않으면 순식간에 직장 전체가 악습으로 물들기 때문이다. 직원 간의 유대감이 사라지면서 갈등이 증대되며, 업무능률이 떨어지고 결국 병이 생기거나 직장에 대해 적대감을 품은 채 일하게 된다.

이러한 상황에서 당신이 유익한 관점을 제시해 보라. 즉 긍정적인 감정들을 효과적으로 사용해 보라는 말이다. 직원들이 서로에게 친근하게 대하고 상대방을 도울 준비가 되어 있다면 바로 그 상황을 장려하고 촉구하는 것이다.

인과법칙은 불교를 비롯한 일부 종교 신앙의 근본법칙이다. 어떤 사건, 혹은 특정한 행동과 생각이 자신의 행복이나 환경에 부정적 영향을 미친다는 사실을 알고 있다면, 그러한 행동을 유발하는 근본적인 원인을 규명하여 이를 제거해야 한다.

특히 자신의 행동에 유의해라

무엇보다도 가장 중요한 것은 항상 의식적인 삶을 살아가며 이를 주변 사람들에게 제시하는 것이다. 사람들은 당신의 모든 행동 양식에 반응을 보이기 마련이다. 그 결과 상호 영향을 주고받는 행위, 당신의 신념을 지지할 수도, 혹은 방해할 수도 있는 일련의 행동들이 발생한다. 그러므로 항상 신중하게 행동—특히 기업을 회생시키고자 할 경우—해야 하며, 자신의 행동이 주변 사람들에게 어떻게 작용하는지를 끊임없이 주시해야 한다.

당신의 부정적 행동은 다른 사람의 저항과 반감을 증대시킨다. 잘못 범한 행동이 기업 전체의 실행력을 방해할 수 있다. 몇 가지 예를 들어보자. 어느 기업의 회장이 회사 사정이 좋지 않다는 이유로 어느 날 직원 120명을 해고했다. 바로 그 후 그 기업 소속의 자동차 영업소 대표가 새로운 메르세데스 600 모델을 독일 최초로 시장에 출시했다. 이것은 이미 예정된 불행이었던 것이다. 또 다른 예로, 어떤 기업에서 정리해고가 불가피한 상태에서 노사협의를 실시했다. 그 순간 직원 5명의 월급에 해당하는 금액이 자문단의 비용으로 날아가 버렸다. 이 경우에도 이미 불행은 예정되어 있었다.

윤리적 행동을 촉구하라

수많은 옛 선인들의 지혜는 오늘날 더 이상 전해지고 있지 않다. 우리는 빵과 버터가 어떻게 만들어지는지 배웠지만, 다음 세대는 그저 1인분씩 담겨 있는 냉동식품이나 전자레인지용 제품을 사거나 피자를 배달시킬 줄만 알 뿐 음식조리법은 모를 것이다.

이와 마찬가지로 많은 사람들은 공동체 속에서 상호작용하는 법을 모른다. 윤리의식이 없다면 기업이나 정당, 가족 등 어떠한 공동체도 모두 그 가치를 상실한다. 이러한 관점에서 "생선은 머리부터 썩는다!"는 중국의 속담은 매우 명심할 가치가 있다. 자신의 비전을 실행시키려면 가능한 많은 사람들과 같은 목표를 추구하는 것이 중요하다. 그러므로 신뢰감을 심어주도록 하라!

신뢰를 촉구하라

자신감을 가진 사람은 다른 사람들의 신뢰를 얻는다 – 베라 비르켄빌 (성공코치)

불필요한 근심을 그만두라!

불필요한 근심과 이를 공공연하게 드러내는 일은 완전히 시간 낭비이다! 그렇게 한다고 해서 개선되는 것은 전혀 없으며, 오히려 사태가 더 악화된다. 근심을 하는 한 당신의 행동에는 신뢰의 에너지가 아닌, 근심의 에너지가 담겨 있다. 당신이 근심을 하는 동안 불안한 분위기가 조성되고, 자신과 동료들에게 정신적인 혼란을 야기하여 누구도 명료한 사고를 하지 못하게 된다.

당신은 더 이상 근심을 하지 않는 법을 배울 수 있다. 그렇게 하기 위해서는 당신의 모든 에너지를 자신의 관심 분야에 쏟아야 한다는 사실을 깨달아야 한다. 그러므로 근심이 많을수록 사태는 더욱 악화될 수밖에 없다! 근심을 하는 습관은 우리 삶에서 일종의 전염병과 같다. 이 전염병은 그 뿌리가 매우 견고하기 때문에 우리는 의식적으로 단련해야 한다. 물론 돈을 많이 버는 것만이 해결책이 되지는 못한다. 바로 그것 때문에 우리의 첫 근심거리가 시작되기 때문이다.

자신이 근심하고 있다는 사실을 깨달을 때마다, 그것을 멈추고 의식적으로 다른 것을 생각하라. 당신의 에너지를 예측할 수 없는 일이 아닌, 당신의 의지에 따라 행해져야 하는 일에 집중시키라. 이를테면 당신에게 즐거움을 주는 일, 혹은 당신을 지지하거나 당신을 사랑하는 사람들을 생각하라.

당신 자신이, 혹은 기업 내 다른 직원들이 다른 사람들 앞에서 당신의 근심에 대해 큰 소리로 이야기한다면 당신은 이 대화를 중단시키라. 물론 가끔씩은 경고를 통해서도 "주모자"들의 행동을 막지 못하는 경우가 있다. 이런 경우에 당신은 좋건 나쁘건 그 주모자와 관계를 끊어야 한다. 왜 그래야 하는가? 조직을 파괴하는 이러한 대화는 수많은 시간에 걸친 값진 노동을 무효화시키며, 근심은 업무 분위기를 해치고 봉쇄로 이어지기 때문이다. 결국 다른 모든 직원들의 사기는 최하로 떨어지고, 사기를 되찾기 위해서는 갖은 노고를 반드시 거쳐야만 한다. 이러한 부정적인 감정들을 다시 조절하기 위해서 당신의 재정과 귀중한 시간이 빼앗길 수밖에 없다.

감정을 해치는 비판과 비난을 그만두라!

감정을 해치는 비판과 비난 역시 완전한 시간낭비이다. 흔히 당신이 좋아하지 않는 사람들을 향해 비판을 가하는 경우가 있을 것이다. 그러나 과격한 언사는 공공연한 혹은 은밀한 적대적 반응을 야기한다. 그렇게 되면 당신은 공동의 목표에서 벗어나고 소규모의 격전을 개시하게 된다.

우리는 항상 메달의 앞면, 즉 전체의 한 부분만을 본다는 사실을 결코 잊지 말라. 연금술사는 복합적인 행동양상을 통찰하는 법에 정통하고 있다. 또한 그에게는 대안적인 시나리오를 실행시키는 능력이 있다. 따라서 연금술사로서 당신은 기존의 사고 틀을 포기할 준비가 되어 있어야 한다. 또한 건설적인 비판과 후원을 통해 당신의 전우를 적극 지원해야 한다. 중요한 것은 함께 이루어야 하는 공동목표임을 잊지 말라.

당신이 이 충고를 명심한다면 다른 사람들이 당신의 견해를 적극적으로 따를 것이다. 또한 당신의 기업에 지금까지와는 다른 마인드가 조성되고, 앞으로의 절차는 보다 간단해질 수 있다.

험담을 그만두라!

쓸데없는 험담으로 자신과 다른 사람들을 동요에 빠뜨리지 말라. 이러한 행위는 중요한 일을 수행하기 위해 투자되어야 하는 시간을 당신에게서 빼앗는다. 다른 사람을 헐뜯는 행위로 인해 당신의 에너지가 허비되며, 다른 사람들에게 당신의 삶이 그다지 의미가 없다는 인상을 심어주게 된다. 그러므로 본질적인 것, 즉 당신의 비전에 집중하라. 다른 비방자들에게 단호히 맞서고, 험담과 스캔들에 자신이 연루되지 않도록 하라. 당신이 다른 사람에 대해 아무런 이야기—그 사람의 면전에서도 직접 말하지 못하는 이야기—도 하지 않는다면 바로 여기서 당신의 고결함이 솟아난다.

하소연하거나 불평하지 말라!

당신이 끊임없이 하소연하고 불평하거나 다른 사람을 헐뜯는다면 당신의 사고와 언행이 매우 천박해지고, 아무도 당신을 가까이하려고 하지 않을 것이다. 불평 대신 당신이 감사하는 대상으로 관심을 전환하라. 그러면 마치 어떤 고차원적인 힘이 존재하듯 사태는 조화를 이루면서 수월하게 풀려나갈 것이다. 그러므로 다른 사람들이 하소연하고 불평하더라도 당신은 이를 중단하라!

규율과 즐거움에 신경 쓰라!

당신의 기업이 방향키를 놓치지 않도록 하기 위해 당신은 기본 전제조건을 마련해야 한다. 이때 다른 사람들과 공동으로 이 과정을 수행해야 한다. 그래야 규율과 즐거움 등의 모든 에너지가 긍정적으로 효과를 발휘하고 성장한다.

다른 사람들을 배에 태우라

인성은 개인적인 친분이 처음으로 생겨나는 곳에서 시작된다.
– 콘라트 로렌츠 (오스트리아의 행동연구가)

연금술사로서 당신은 당신이 하고 있는 모든 일이 주변에 영향을 미친다는 사실을 알고 있다. 다른 사람들이 당신을 본보기로 따르도록 하기 위해 당신은 무엇보다도 신의를 지켜야 한다. 그래야만 누구나 당신을 다시 알아보고 당신을 믿는다. 이로써 당신은 자신의 정체성과 기업문화의 정체성을 발전시키게 된다.

또한 당신의 비전을 실현시키기 위해서 다른 사람들을 포섭하고 그들의 행동에 영감을 불어넣는 일이 중요하다. 당신 혼자서는 목표에 도달하지 못하며, 목표로 향하기까지 전우가 필요하기 때문이다. 말하자면 당신은 오직 다른 사람들을 통해서, 다른 사람들과 공동으로 성공을 달성할 수 있으며, 당신의 꿈을 실현할 수 있다. 그러므로 기업 내에서 당신의 꿈을 함께 실현하고 성취할 수 있는 동맹자들을 찾으라. 이 과정에서 신뢰가 얼마나 중요한 역할을 하는지는 다국적 기업 제너럴일렉트릭(General Electric) 사를 20여 년 동안 경영해 온 잭 웰치(Jack Welch)가 추진한 할락(Harlac)전구 프로젝트에서 엿볼 수 있다.

혁신적인 전구가 되어야 마땅했다. 마지막까지 이 프로젝트에 5천만 달러의 자금을 투자했으니 말이다. 그러나 프로젝트는 실패로 돌아갔고, 원인을 규명한 결과 다음과 같았다. 구매자는 아무리 신형 제품이라도 전구 하나에 거의 11달러어치를 지불하려고 하지 않는다는 것이었다. 일반적인 경우라면 실패의 책임자들은 해고를 당하거나 다른 방식으로 "처벌"당했을 것이다. 그러나 웰치는 달리 행동했다. 그는 프로젝트 담당 직원들의 노고에 대해 표창을 수여했던 것이다! 심지어 부분적으로 그들을 승진시키기까지 했다. 그는 대규모의 프로젝트를 위해 직원들이 모든 것을 바쳤다면 비록 실패로 돌아간다 하더라도 제너럴일렉트릭 사가 이 사실을 높이 평가한다는 점을 보여주고자 했다.

이렇게 웰치는 업무실적을 향상시키기 위해 성장의 터전을 마련하는 기업문화를 구축했다. 이렇게 하여 그가 나중에 걷어 올린 수익은 제너럴일렉트릭 사의 성공적인 발전을 보면 알 수 있다. 그의 경영스타일은 무엇보다도 인간과 훌륭히 교류하는 연금술사의 넓은 시각을 명백하게 보여준다.

다른 사람들을 여행에 동참시키라

당신의 비전을 다른 사람들과 공유하라. 연금술사는 목표를 제시하며, 공동체는 목표로 향하는 길을 함께 발견한다. 결국 모두가 비전을 공유하고, 그래야만 비전이 실현된다. 이를 위해서 당신은 다른 사람들을 이해하고 그들과 함께 공감해야 한다.

공감

우리는 대부분의 감정을 공포심으로 대체시킨다. – 파울로 코엘료

행동을 취할 때 인간의 위대한 선량함을 우선시하고, 다른 사람들과 함께 공감하라. 이분법적 사고와 솔직하지 못한 언행은 당신이 계획하는 전체의 성공을 가로막기 일쑤다. 당신이 사람들을 긍정적인 시각으로 바라보지 않는다면 어떻게 연대감이 생겨날 수 있겠는가?

공감과 솔직함이 마음의 문을 두드린다

당신이 공감과 온화함, 선량함을 지니고 있다면 자동적으로 당신의 내면의 문이 열린다. 이를 통해 당신은 다른 사람들과 보다 쉽게 의사소통을 할 수 있다. 당신은 많은 사람들이 당신과 똑같다는 사실, 당신이 다른 사람들과 쉽게 연대할 수 있다는 사실을 확인하게 될 것이다. 그렇게 되면 우정과 신뢰의 마인드가 형성되고, 당신은 무언가를 감출 필요가 점점 없어질 것이다. 기업이 위기에 처하고 이를 해결하기 위해 여러 조치를 투입하는 경우에도 공감을 통해 인간의 강점을 훨씬 잘 포착할 수 있다.

변화는 하룻밤에 이루어지는 것이 아니며 긴 시간을 요한다. 참된 내적 변화는 행복과 성공을 부르며, 반면 불확실함과 해로운 정신 상태를 제거하도록 돕는다. 당신 자신과 기업이 지닌 모든 에너지는 공감의 마인드 속에서 긍정적으로 바뀔 것이다. 메릴랜드(Maryland) 주의 베데스다(Bethesda)에 소재한 국립정신보건연구소

(National Institute of Mental Health)의 아비 카르니(Avi Karni) 박사는 우리가 꾸준한 훈련을 통해 신경학적인 변화를 초래할 수 있다는 사실을 제시했다. 즉 우리가 감사하는 모든 대상이 우리를 치유한다는 것이다.

의사소통을 뚜렷하게 하라

우리가 서로 대화할 수 있는 사실이 우리를 인간으로 만든다.
- 칼 야스퍼스 (독일의 철학자)

당신은 이제 여행 중에 있다. 목적지는 당신의 비전이다. 당신은 가능한 많은 사람들을 여행에 동참시키기를 원한다. 이때 모든 사람들이 당신의 비전을 공유하며, 당신의 행동을 이해하거나 예측하지 않는다는 사실을 항상 유념하라. 당신이 가진 정보를 끊임없이 풍부하게 전달하라. 당신에 대해 "믿음을 가지지 않은 자"에게도 그렇게 하라.

당신이 예를 들어 "고객을 친구처럼 대하라!"라는 간단한 제안을 반복적으로 상기시킨다면 정보전달에 성공할 수 있다. 당신이 이러한 제안을 몸소 실천한다면 주변 사람들 역시 이 제안에 대해 믿음을 가지고 내면화시킬 것이다. 사람들은 이러한 양상의 의사소통을 기꺼이 받아들이며, 이렇게 함으로써 소외감을 느끼지 않는다.

반면, 의사소통 문제가 해결되지 않는다면 에너지가 소모되기 마련이다. 그러므로 당신은 에너지를 소모시키는 이러한 상황을 용납하지 말라! 문제 상황을 제거하기 위해 개별면담과 집단면담, 공동회의나 공동 식사, 공동 경영을 십분 활용하라. 우리는 흔히 다른 사람들이 우리와 유사한 지식 수준이나 경험 수준을 갖고 있다고 전제하지만, 이것은 잘못된 생각이다.

그러므로 대화를 통해 신뢰와 공동가치를 마련하도록 하라. 당신의 생각과 계획을 늘 다른 사람들에게 전달하라. 그리고 다른 사람들의 생각과 계획, 행동으로부터 배우라.

다른 사람들에게서 배우라

누구나 한 개체로서 존중받으며, 어느 누구도 신격화되어서는 안 된다.
– 알베르트 아인슈타인

당신은 자신보다 뛰어난 사람들을 만나는 기회를 수없이 마주친다. 바로 이 점을 십분 활용하라! 성공의 길을 이미 걸어온 사람들에게서 배우라. 이 말은 매우 진부하게 들릴지 모른다. 그러나 이 말 속에 담겨 있는 진정한 의미를 깨닫고 다른 사람들의 지식을 활용하는 사람은 극히 적다.

타인에 대한 주목

타인을 주의 깊게 관찰하면 그들로부터 무언가를 배우고 자신을 발전시킬 수 있는 기회가 제공된다. 당신이 다른 사람들에게 관심을 기울이고 살아간다면, 진부하다고 생각했던 일 속에 감춰진 가능성들을 인식할 수 있다.

드레스덴(Dresden) 출신의 주부 멜리타 벤츠(Melitta Bentz)는 커피 맛을 망치는 쓴 맛의 커피앙금을 늘 짜증스러워했다. 그래서 그녀는 이 문제를 해결할 방안에 대해 고심했다. 그녀는 평범한 함석통과 공책의 압지(壓紙)를 이용해 최초의 커피여과기를 만들었다. 오늘날의 현대식 여과 커피기계는 이러한 단순한 아이디어 덕분에 탄생한 것이다.

당신 자신과 다른 사람들에게 개선의 여지가 있는 곳에서 주의 깊게 주위를 눈여겨보라!

일의 실태를 규명하라!

주의를 기울인다는 것은 흔히 일의 본질에 대한 실태를 규명하는 것을 의미한다. 여기서 다시 연금술 경영법칙의 뿌리가 제시된다. 보잘것없는 물질(납)을 고귀한 물질(금)로 변화시키는 연금술사의 시도는 사물의 참된 본질과 고차원적인 변화를 향한 추구와 다름없기 때문이다. 또한 다른 사람들의 본질을 규명하고 그들의 겉모습에 현혹되지 않는 것도 연금술 경영법칙의 근간에 해당된다.

그리고 연금술 경영법칙은 우리 자신에게도 중요한 의미를 갖는다. 다시 말해 우리는 두려움 때문에 우리가 이루고자 하는 꿈을 소홀히 해서는 안 된다. 게일 허드슨(Gail Hudson)의 한 저서에 등장하는 연금술사는 "고통에 대한 두려움은 고통 자체보다 더욱 고통스럽다는 사실을 마음에 새기라. 그리고 꿈을 추구하는 과정에서 마음이 고통 받은 적은 지금까지 한 번도 없었다. 꿈을 찾는 매 순간은 신과 영원과의 만남의 순간이기 때문이다."라고 말한다.

따라서 우리의 최우선 과제는 우리 인생의 참된 보물, 우리에게 원래부터 주어진 사명을 발견하고 실천하는 것이다. 리처드 로어 (Richard Rohr)는 이렇게 말한다. "우리의 과제는 테레사 수녀나 아시시의 프란치스코가 되는 것이 아니라, 우리에게 주어진 과제를 행하는 것이다."

책임의식과 윤리

당신 자신을 비롯해 직원들 모두가 발전하기 위해서는 당신의 책임의식이 필요하다. 연금술사로서 당신은 당신의 환경을 포괄적으로 변화시키지 못한다면 장기적인 성공을 거두지 못한다는 사실을 알아야 한다. 이를 위해서는 긍정적이며 윤리적인 기본자세의 도움이 불가피하다. 이러한 기본자세는 당신을 다른 사람들과 연대할 수 있게 만들며, 그렇게 되면 그들은 당신과 당신의 사고를 보다 쉽게 따르게 된다.

연금술사는 카리스마를 지닌 스승이나 독재적인 지도자일 필요는 없다. 그는 전혀 눈치 채지 못할 만큼 조용히 다른 사람들에게 영감을 불어넣는다. 또한 다른 사람들이 성공할 수 있도록 보조하며, 그 공적을 결코 자신에게 돌리지 않는다. 그는 경영인으로서 자기 자신을 발전시키고, 다른 사람들이 발전할 수 있도록 후원한다. 한 사람에 의해 기업의 흐름이 조종당하지 않음으로써 복합적인 성격의 기업은 훨씬 수월하게 운영되기 때문이다. 따라서 참된 연금술사는 직원들의 발전을 장려하며, 이로써 그들은 경쟁력이 강한 기업을 구축하는 데 기여한다. 현명한 간부가 현명한 환경을 낳으며, 현명한 환경은 현명한 직원을 키운다. 그리고 현명한 직원은 경제적인 성공을 불러온다.

　조직구조를 변경시키는 참된 경영인은 타고나는 것이 아니다. 그들은 많은 것을 배우면서 자신을 성장시키고 발전시킨다.

　조셉 오코너(Joseph O'Connor)는 경영인의 중요한 특성을 다음과 같이 적고 있다.

　　★ 자기인식

　　★ 능력과 잠재적 발전에 대한 현실적 평가

　　★ 사회적 능력

　　★ 윤리적 신념

　　★ 성공에 대한 믿음

　　★ 주변 환경에 적합한 상황

　이제 당신의 과제는 이러한 개별적 사항들을 당신의 상황에 적합하게 조화시키는 것이다. 이 과제만이 당신을 참된 경영인으로 만든다. 개별적 사항은 단독적으로는 유익한 효과를 거두지 못하기 때문이다.

　왜 전체인가?

　기업의 경영인은 흔히 이렇게 말한다. "나는 나의 권력과 지위의 힘으로 내 기업의 모든 사항을 결정할 수 있다. 또한 나는 무슨 일이 수행되어야 하는지 명령한다. 중역 경영진은 우리의 계획을 개별적으로 수행하며, 그 외 모든 사람들은 우리의 명령을 따른다." 그러나 이러한 견해는 현대사회에서는 더 이상 작용하지 못한다.

시장은 비약적으로 변화하고 있으며, 기업은 이에 대해 신속하고 활발하게 대응해야 한다. 경영인인 당신이 필요한 정보들을 수집하고, 수집한 정보를 토대로 결정을 내릴 때쯤에는 이미 외부의 상황은 완전히 달라져 있을 것이다. 그러므로 중하부 구조에 해당되는 업무들은 시간의 촉박함 때문에 그곳에서 직접 결정되어야 한다. 이러한 행위는 완전히 새로운 기업문화를 전제로 한다.

전통적인 구조의 경영은 계획하고 통제하는 것만을 의미한다. 즉 대응을 할 뿐이다. 또한 경영인은 관리만 할 뿐 변화하거나 설계하거나 지도하지 않으며, 관행적인 절차에 따라 기존의 문제들을 효과적이며 조심스럽게 해결한다. 그러나 갑작스러운 변화가 발생한다면 기업은 어떤 조치를 취할 수 있을까? 얼마나 신속하게 필요한 정보들을 확보하고 그것을 가치 평가할 수 있을까?

당신의 직원들에게 직접 결정할 수 있는 권한을 부여한다면 일은 보다 효율적이며 신속하게 진행된다. 그렇다면 당신은 직원들의 이러한 능력을 어떻게 장려할 것인가? 여기서 당신은 연금술사로서 주요 당면과제를 인식하게 된다. 즉 지도자이자 공상가가 되라. 그리고 정신과 행동 영역에 동기를 부여하고, 훌륭한 본보기를 마련하여 당신의 직원들을 열정적으로 만들라. 그렇게 되면 직원들은 자주적인 태도를 취할 것이며, 자발적으로 자신들의 지식을 끌어들여 기업경영에 동참할 것이다.

이런 방식으로 당신은 복합적인 기업조직에서 막강한 전력을 마련할 수 있다. 그들은 계속 발전을 추구하고, 경쟁자의 반응에 대해 적절한 행동을 취하게 된다. 네트워크 안에서는 모두가 서로에게 영향을 미친다. 그러므로 당신의 성공전략은 다른 사람들이 그것을 본받고 개선시키는 한에서만 성취될 수 있다. 당신이 이러한 전제조건을 염두에 두고 직원들에게 연금술사처럼 행동할 것을 촉구한다면 당신은 개혁을 성공적으로 수행할 수 있다.

소신과 규율, 인내심

인생의 절반은 행복이며, 다른 절반은 규율이다. 이 사실은 중요하다.
왜냐하면 규율이 없다면 인간의 행복은 결코 시작되지 않기 때문이다.
- 칼 추크마이어 (독일의 작가)

당신의 꿈을 추구할 때 소신과 규율, 인내심은 중요한 특성이다. 파울로 코엘료의 『연금술사』에서 어린 양치기 소년은 자신의 꿈을 따르기로 결심한다. 소년은 지금까지 아늑한 삶을 영위해 왔음에도 불구하고 불확실한 미래를 선택하고, 자신의 인생의 참된 보물이 존재하는 곳을 알아내기 위해 피라미드까지 걷고 또 걷는다. 여행을 떠나는 것은 아주 간단하다. 즉 마음만 먹으면 되는 일이다. 우리의 참된 보물은 이미 우리가 태어날 때부터 우리의 내면에 존재한다.

파울로 코엘료의 『연금술사』

파울로 코엘료는 이 소설에서 안달루시아의 양치기 소년 산티아고의 이야기를 서술한다. 산티아고는 이집트에 숨겨진 보물에 대해 반복적으로 꿈을 꾼다. 어느 날 소년은 자신의 보물을 찾기 위해 길을 떠난다.

그의 여정은 맨 처음 탕헤르로, 그 후에는 사막과 오아시스로 이어지고, 결국 그는 이집트에 도달한다. 그는 여행하는 동안 삶의 목표를 포기하지 않도록 자신을 격려하는 사람들을 끊임없이 만난다.

이 사람들 중에는 늙은 왕도 있었다. 그 노인은 "나는 살렘의 왕이다."라고 주장했다. 소년은 몸둘 바를 몰라 하며 "왕이 왜 보잘것없는 양치기와 이야기를 합니까?"라고 의아해하며 물었다. 왕은 대답했다. "여기에는 여러 이유가 있다. 가장 큰 이유는 네가 너의 개인적인 인생행로를 따르는 것을 성공한 데에 있다." 그러나 소년은 자신의 개인적인 인생행로가 무엇인지 알지 못했다. "그것은 네가 지금까지 늘 기꺼이 하려고 하던 것이다. 모든 사람들은 어린 시절부터 자신의 내적 사명이 무엇인지 안다. 어린 시절에는 모든 것이 단순하며, 아이들은 자신이 진정 하고자 하는 모든 일을 바라는 데 대해 두려움을 갖지 않는다. 이 시간이 지나가면 어떤 불가사의한 힘이 개인적인 인생행로를 실현시키는 것이 불가능하다는 신념을 우리에게 심어준다."

어느 날 밤 소년은 늙은 연금술사와 함께 달빛 없는 하늘을 바라보다가 그에게 이렇게 말했다. "제 마음은 고통을 두려워합니다." 그러자 연금술사는 소년에게 말한다. "고통에 대한 두려움은 고통 자체보다 더욱 고통스럽다는 사실을 마음에 새기라. 그리고 꿈을 추구하는 과정에서 마음이 고통 받은 적은 지금까지 한 번도 없었다. 꿈을 찾는 매 순간은 신과 영원과의 만남의 순간이기 때문이다."

산티아고가 여행길에서 운명적으로 만난 모든 사람들은 어떤 신호를 유념하라고 가르쳐준다. 그 신호란 숨겨진 것으로부터 발생하고 모든 감각을 동원해서만 인식될 수 있는 신호이다. 그는 거대한 오아시스라는 신비로운 환경 속에서 사막의 딸 파티마를 만나 사랑에 빠지게 된다. 그녀를 향한 사랑으로 영원히 오아시스에 머물까 하는 유혹을 받기도 했지만, 결국 그는 늙은 연금술사와 함께 마지막 여행길에 오른다. 그는 완전히 슬픔에 잠긴 채 자신의 사명을 듣는다. 그들이 사막의 모래를 횡단할 때 연금술사가 말했다. "우리가 뒤에 두고 온 것을 생각하지 마라. 모든 것은 세상의 영혼에 새겨지고 영원히 거기에 머물러 있을 것이다." 사막의 고요함에 다시금 익숙해진 소년은 "사람들은 어딘가로 떠나는 것보다 되돌아가는 것을 더욱 열망한다."고 생각했다. "네가 발견할 것이 참된 것이라면 그것은 영원히 사라지지 않을 것이다. 그리고 언젠가는 되돌아갈 수 있다. 그러나 그것이 그저 별의 폭발처럼 번쩍거리는 일순간이라면 돌아가는 길에 너는 아무것도 손에 쥐지 못한다. 그러나 너는 빛의 폭발을 경험했으니 그것만으로도 이미 충분히 가치 있는 일이다."

위의 짧은 발췌내용은 소설 전체의 메시지를 명확하게 보여준다. 당신의 꿈을 추구하라! 방황하지 말고 당신이 믿고 있는 것을 위해 확고하게 자신을 내맡기라!

그러나 자신을 더 고차원적으로 발전시키기 위해서는 배우는 것만으로는 충분하지 않다. 배움을 배우는 것이 더 중요하며, 인생을 배우는 것은 보다 더 중요하다. 매우 간단한 문장인 듯 보이지만, 일상생활에서 이것을 실천하기란 매우 어렵다! 노동의 산물을 수확하기 위해 자기규율과 노력이 요구되기 마련이다.

토머스 앨바 에디슨(Thomas Alva Edison)은 3천 번의 시도 후에도 용기를 잃지 않았고, 마침내 최초의 전구를 발명했다. 월트 디즈니(Walt Disney)는 놀이동산 혹은 그 자신의 표현을 빌리면 "이 세상에서 가장 행복한 장소"를 만들려는 자신의 비전을 뒷받침해 줄 경제적 후원자들을 찾아 나섰다. 302번에 걸친 거절 끝에 그는 결국 자신의 계획을 재정적으로 지원해 준다는 한 은행을 찾았다.

당신은 어떤 일이라면 수많은 헛된 시도 후에도 그것을 꾸준히 밀어붙이겠는가?

동기와 믿음

기독교적 삶의 목표는 규범을 충족시키고 그것을 따르는 것이 아니라, 신이 우리에게 각각 부여한 형상을 성장시키는 것이다. – 안젤름 그륀 (독일의 신부)

당신의 비전은 각양각색일 것이다. "나는 더 이상 배우가 아니다. 나는 에티오피아의 난민들을 도울 것이다!" 혹은 "우리는 의료보험을 건강보험으로 변경시킬 것이다!" 혹은 "우리는 접촉면이 뜨겁지 않은 최초의 다리미를 시장에 선보일 것이다." 혹은 아주 단순하게 "우리는 훌륭한 팀을 구성하여 최상의 제품을 만들 것이다." 동기와 믿음은 당신의 비전을 현실화시킬 수 있는 투철한 힘을 당신에게 부여한다. 영감을 불어넣는 말과 감정, 행동으로 다른 사람들에게 영향을 발휘하여 그들이 당신을 지지할 수 있도록 만들라. 누구나 의미를 창출하는 사람과 함께 일하기를 원한다. 당신이 그러한 사람이라면 주변 사람들은 당신에게 가까이 접근할 것이다. 이 점을 명심하라! 그렇다면 당신은 슬럼프와 절망상태 역시 이겨낼 수 있다.

마음을 비추는 거울

인도에는 수천 개의 거울을 가진 사원이 있다. 이 사원은 산꼭대기에 위치하고 있어서 매우 멋진 전망을 제공한다.

어느 날 개 한 마리가 산을 힘겹게 올라갔다. 그 개는 계단을 올라 사원에 발을 디뎠다. 수천 개의 거울이 있던 전당에 들어선 개는 거울을 통해 수천 마리의 개를 보았다. 두려움을 느낀 개는 목덜미의 털을 곤두세우고 으르렁거리며 이를 드러냈다. 공포심에 사로잡힌 개는 급히 사원 밖으로 빠져나왔고, 그때부터 이 세상에는 으르렁거리며 위협적인 개들만이 존재한다고 믿었다.

얼마 후 또 다른 개 한 마리가 산에 올라왔다. 그 개 역시 계단을 성큼성큼 올라 사원에 들어왔다. 수천 개의 거울이 있던 전당에 들어선 그 개 역시 수천 마리의 개를 보았다. 그러나 그 개는 매우 기뻐했다. 그는 꼬리를 흔들고 즐거워하며 이리저리 뛰어다니면서, 다른 개들도 놀이에 동참시키려고 했다.

이 개는 이 세상에는 자신에게 호의적이며, 즐거워하는 개들로 가득하다는 믿음을 품으며 사원을 떠났다.

비전을 실현시키기 위해 당신은 자신의 비전이 옳다고 믿어야 한다. 또한 당신의 구체적인 프로젝트를 위해 규율과 인내심, 동기 역시 필수적인 요소이다. 일단 전체적인 윤곽을 파악한 다음, 세부 사항을 발전시켜 나가야 한다. 공동 작업을 통해 새로운 관점을 추가시키며, 당신 자신의 관점뿐만 아니라 다른 모든 사람들의 관점에서 생겨난 기회와 위기를 시도한다. 또한 자신의 아이디어를 여러

관점에서 고찰한다면 보다 잘 조망할 수 있으며, 아이디어의 실행가
능성을 가늠할 수 있다.

또한 당신의 비전이 다른 사람들에게 인상 깊게 각인되어 그들
모두 당신의 비전에 열광할 수 있게 된다. 당신의 미래 모습은 어떠
한가? 또한 당신의 기업의 미래 모습은 어떠한가? 토대는 무엇이며,
당신의 동기는 무엇인가? 당신의 생각을 누구나 이해하기 쉽게 명
확하고 단순하게 표현하라. 동시에 다른 사람들이 당신의 생각을
직접 느끼고 그 생각에 틀을 마련해 줄 수 있을 정도로 약간은 막연
하게 표현하는 것도 잊지 말라. 당신의 비전을 명확하게 표현한다
면 당신을 비롯한 다른 사람들은 저절로 그 비전에 따라 행동하기
시작한다.

연금술 여행은 파산, 절친한 사람의 죽음, 실직, 싸움과 권태 등
의 외부적 사건이 일어날 때 시작되는 경우가 많다. 그러나 여행을
출발하게 하는 힘은 당신의 내적 신념에서 우러나온다. 여행을 떠
나는 데 있어 현재의 당신 모습은 중요하지 않다. 중요한 것은 당신
이 원하는 바를 스스로 알고 있다는 사실이다. 그래야만 당신은 예
술과 경제, 철학 등 다른 모든 분야에서 최고의 업적을 거둘 수 있는
동기를 불러일으킬 수 있다. 장애물을 제거하고 바퀴가 굴러가도록
하기 위해 당신에게 증서나 권위로 무장된 자리는 필요치 않다. 당
신에게 필요한 것은 오직 당신 자신의 승인일 뿐이다. 당신의 비전
의 싹은 위로부터의 승인 없이도 성장할 수 있기 때문이다. 시간과
분위기, 기반이 마련된다면 그 싹은 자라서 꽃을 피울 것이다. 이 싹
은 이미 오래 전부터 당신에게 내재된 것이다. 당신의 목표—당신

의 비전—가 일단 당신의 잠재의식 속에 자리 잡고 있었다면, 이 목표는 당신의 의식과는 무관하게 많은 성공을 거둘 수 있게 해준다.

그러므로 당신의 인생계획을 주도하라. 여행용 장화를 신고 목표를 향해, 미지의 미래를 향해 행진하라!

이정표를 세우라

큰 도약을 하기 위해서는 몇 걸음 뒤로 물러서야 한다. – 베르톨트 브레히트 (독일의 작가)

당신의 비전을 현실적으로 실행할 수 있는지의 문제는 중요한 사안이다. 그러므로 당신의 비전을 정확하게 표현하고, 목표의식을 구체화시키며, 이정표를 세워 당신의 직원을 목적지로 이끌라. 또한 비전에 도달할 때까지 현실적인 시간을 잘 분배하라. 시간을 너무 짧게 분할하면 나중에 당신이 성취한 것에 대해 그다지 긍지를 느낄 만큼의 이정표가 필요하지 않으므로 별로 권하고 싶지 않다. 또한 너무 길게 분할하는 것 역시 좋지 않다. 왜냐하면 목적지에 도달하는 것이 불가능하게 보이므로 어느 누구도 당신의 여행에 동참하지 않을 것이기 때문이다.

당신은 각각의 이정표에 도달할 때마다 크고 작은 구간 우승을 축하할 수 있으며, 이를 통해 당신의 전우와 동행자에게 늘 새로운 힘을 전달한다. 또한 그들에게 동기를 불어넣고, 그들의 사기를 북돋아 보다 높은 업무실적을 올릴 수 있도록 한다. 그렇게 되면 당신에게 성공은 기약된 것이며, 공동의 목표를 향하는 길에서 신뢰와 정체성이 구축된다.

기본원칙과 신조를 세우고 당신의 목표를 명료화시키라. 그리고 너무 비타협적이 되지 마라. 당신의 길을 잘 관찰하고, 필요하다면 당신의 전략을 바꾸어라.

당신의 비전은 상세히 기술된 기획안은 아니다. 그러나 그것은 일정한 방향을 제시한다. 파울로 코엘료의 산티아고는 머나먼 이집트에서 자신의 보물을 발견하기로 결심한다. 이를 위해 그는 일단 여행길에 오르고, 스페인에서 지브롤터 해협을 거쳐 아프리카로 향한다. 그의 비전은 그를 목적지까지 이끌며 그에게 영혼을 불어넣는다. 개인에게 적용되는 것은 시스템 전체에도 들어맞기 마련이다. 그러나 한 가지 차이가 있다. 즉 당신은 동행자들에게 영감을 불어넣어 그들을 열정적으로 만들어야 한다.

아래 질문에 대해 가능한 한 구체적으로 답해 보라.

★ 우리의 여행은 어디로 향해야 하는가?

★ 우리는 어떻게 그곳까지 가장 잘 도달할 수 있을까?

★ 성공을 이루기 위해 우리는 무엇을 가지고 가야 하는가?

★ 우리에게 정해진, 변화하지 않는 규칙과 가치는 무엇인가?

★ 우리는 언제 목적지에 도달했는가? 우리는 전체적인 성공과정과 부분단계를 어떻게 평가할 것인가?

★ 우리의 여행을 위해 얼마의 시간이 필요한가?

★ 우리는 준비되었는가? 진정 여행을 떠나기를 원하는가?

당신이 비전을 실현시킬 수 있다는 신념을 가졌다면 당신의 계획을 다른 사람들과 공유하라. 그리고 변화의 바람을 일으키고 바다 전체가 움직이게 하라. 거대한 소생의 파도를 움직여 개혁과 변화의 원동력인 변혁을 촉구하라.

개혁의 중심에는 연금술사가 있다

> 존재는 변화이고, 변화는 성숙이며, 성숙은 영원한 자기갱신이다.
> – 앙리 베르그송 (프랑스의 철학자)

연금술사의 길은 개혁을 토대로 한다. 경제 분야의 변혁은 장기간의 국민 경제학적 전통에 기인한다. 요제프 슘페터(Joseph A. Schumpeter, 1883~1950)는 이 주제와 관련하여 시대를 초월한 인식을 부여했다.

슘페터의 공로

> 위대한 사람이란 어떤 일을 최초로 행한 평범한 사람이다.
> – 벤저민 프랭클린

기업을 회생시키기 위해서는 특히 어려운 상황에 처한 분야에 연금술 경영법칙을 적용해야 한다. 기업을 회생시키는 일은 경제학의 최고 과제이다. 대부분의 경우 파산의 위기에 처하고 시간이 촉박하며, 고도의 압박에 시달린다. 그러므로 이 과제는 매우 현실적이어야 하며, 현대 기업경영의 모든 단초와 수단들을 한데 조화시켜야 한다. 과거의 기업에서 새로운 기업으로 탈바꿈시키기 위해 모든 힘들이 함께 작용해야 한다. 새로운 아이디어와 구상, 용기와 능력, 이것들을 시장에서 관철시키려는 의지는 무엇보다도 중요하다.

요제프 슘페터는 이 모든 과정이 어떻게 기능하는지에 대해 이미 1917년에 시대를 초월하는 인식을 표명했다. 즉 경제 순환과정에는 그 내부에서부터 발전하는 것을 내포하고 있지 않다는 것이다. 어느 누구도 영원히 부자이거나 경제 발전의 최정상에 서 있도록 예정되어 있지 않다. 경제순환이 발전하는 동안에도, 또 악화되는 동안에도 조직체는 변화하며, 경제 조직 역시 끊임없이 움직인다. 겉에서 보면 정체된 듯이 보이지만 사실 오랜 시간 동안 꾸준히 발전되고 있다. 인구, 사회 및 정치 시스템과 같은 기초적인 요소들이 그대로 유지된다면 이러한 발전은 어디서 기인하는 것일까? 경제발달과 국가경제의 발전의 원동력은 무엇인가? 그리고 이러한 발전은 무엇에서 시작되는가?

그러한 발전의 추진력은 경제조직이 자발적으로 변화하고, 동시에 생산요소가 새로운 조합을 이루며 이로 인해 경제데이터에 움직임이 생기는 경우에 가동된다. 이러한 새로운 조합에서 중요한 것은 바로 개혁이다. 슘페터는 개혁의 중요한 구성요소를 다음과 같이 정의했다.

★ 당신은 소비자가 지금까지 알지 못하던 새로운 상품을 생산한다. 혹

은 기존에 알려진 제품이라도 새로운 특성을 지닌 제품, 예를 들면 접촉면이 뜨겁지 않은 다리미 등을 생산한다.

★ 당신은 해당 산업계에 아직까지 실행되지 않고 있는 새로운 생산방식을 도입한다. 이 생산방식이 현재의 학문적 발견에 기인할 필요는 없으며, 새로운 방식과 수단이 중요할 뿐이다. 예를 들면 광선을 이용하여 원료수송을 원격조종하는 등 기존의 응용을 상업적으로 활용하는 것이 중요하다.

★ 당신은 기존의 제품을 선보일 새로운 판매시장을 개척한다. 예를 들면 모차르트 초콜릿을 인도네시아에서 판매하는 것이다.

★ 당신은 원료나 반제품의 새로운 조달처를 개척한다. 예를 들면 반도체 산업에서 컴퓨터 칩의 새로운 재료를 도입하는 것이다.

★ 당신은 기업을 새롭게 조직화한다. 예를 들면 일관 작업을 집단 작업으로 변경시키는 것이다.

어떤 방식으로 당신은 생산요소를 새롭게 조합해야 하는가? 이를 위해서는 충분한 자본과 우리가 연금술사라고 부르는 적합한 사람들이 반드시 필요하다. 자본가와 연금술사, 이 둘은 경제 발전을 가져올 뿐만 아니라, 근원과 원동력을 제시하기도 한다. 당신이 투자자(예를 들어 벤처 투자가)를 통해 자본을 마련한다면, 예치된 자금(예를 들어 대부금)을 통해 당신의 생산요소에 대한 사용권한을 얻게 된다. 개혁적인 연금술사로서 당신은 이러한 상황을 활용하고, 자본의 도움으로 생산요소들을 시장에서 새로이 조합한다.

하인리히 마리아 레디히 로볼트(Heinrich Maria Ledig-Rowohlt)는

단순하면서도 천재적인 아이디어로 놀라운 성공을 거두었다. 그 아이디어는 바로 신문용지에 인쇄한 문고본이었다. 개혁을 위한 자본을 확보하는 일은 결코 쉬운 일이 아니며, 이러한 상황은 그 당시에도 마찬가지였다. 레디히 로볼트는 이 사실에 대해 생생하게 보고했다. "나는 슈투트가르트(Stuttgart)에 소재한 도이체방크(Deutsche Bank)의 한 은행가에게 새로운 문고본 견본을 선보였다. 그러나 그는 새로운 형태의 책에 전혀 기대를 걸 수 없다면서 아무런 확신도 가지지 않았다. 그 대신 그는 일확천금을 약속해 주는 다른 회사에 수백만의 금액을 투자했다. 그러나 그 회사는 나중에 파산했고, 그 은행가는 권총으로 자살했다. 그가 나의 문고본 책에 돈을 투자할 정도로 조금만 현명했더라면 아마 그는 지금까지 살아 있었을 것이다."

경제를 발전시키기 위해 당신이 로볼트의 문고본 책과 같은 개혁정신을 활용한다면 장기간에 걸쳐 높은 구매력을 확보할 수 있다. 하지만 새로운 아이디어를 관철시키는 일이 많은 사람들에게 그토록 어려운 이유는 무엇일까?

곳곳에서 새로운 가능성—새로운 제품, 새로운 발명, 새로운 지식—이 수없이 존재한다. 그러나 이 중에서 실행에 옮길 수 있는 가능성이란 어디에 존재할까? 그 대답은 아주 간단하다. 당신이 대세에 순응한다면 안내자가 필요하지 않으며, 큰 흐름이 당신에게 기본 틀을 제시한다. 그러나 동시에 대세에 역행할 필요도 있다. 그래야 원천에 도달할 수 있기 때문이다. 대세에 역행하기 위해서는 보다 많은 에너지가 요구되며, 미개척지로 돌진하는 진정한 안내자와 용기 또한 없어서는 안 되는 요소이다. 하지만 많은 사람들은 일상의 경계를 넘어서는 곳으로는 더 이상 나아가려 하지 않는다.

연금술사로서 당신은 미지의 분야를 개척하기 위해 이러한 사람들에게 리더십을 발휘한다.

★ 당신은 신념과 규율, 소신의 도움으로 새로운 가능성들을 마련하고, 이 가능성들을 실행에 옮긴다.

★ 필요하다면 당신 혼자서라도 먼저 앞서 나가라. 그리고 불확실함과 모순을 장애물로 여기지 말라. 이를 통해 다른 사람들을 당신의 여행에 동참시키라.

★ 승리를 향한 불굴의 의지로 당신의 꿈을 추구하라.

★ 당신은 일을 추진하는 동안 기쁨을 느낀다.

★ 당신은 주변 사람들에게 영향을 주고, 새로운 구매력과 새로운 에너지, 새로운 번영을 마련한다.

★ 당신은 선구자이자 개혁가이며, 동시에 전략가이다.

연금술사가 자신의 생각을 시장에 관철시키는 순간 다른 사람들은 그를 따를 것이며, 바로 그때 경제적 도약은 이루어진다!

연금술과 기업전략

> 전략은 시간과 공간에 대한 지식이다.
> – 아우구스트 나이트하르트 폰 그나이제나우 (프로이센의 장교)

    당신은 자신의 비전을 기업전략의 주요노선으로 고정시키고자 한다. 그렇다면 기업에서 차지하는 당신의 지위와 상관없이 이 과제를 자신의 것으로 여기고 내면화시키라.

    "전략"이란 개념은 "전술"을 의미하는 그리스어에서 파생한다. 따라서 "기업전략"은 인력통솔뿐만 아니라 자본과 기술, 재료를 올바르게 투입하는 모든 행위를 포괄하는 의미이다. 다시 말해 경영학적 의미에서 전략이란 기업의 장기적인 성공을 보조하는 기술을 뜻한다.

    개혁은 무(無)에서 생겨나지 않는다. 그것은 예를 들어 신제품 아이디어에서 발생하는 위기와 가능성을 매우 의식적으로 통찰하고 결정을 내리는 직원들의 투철한 목표의식에서 비롯된다. 아이디어와 제품, 기획안을 성공적으로 도입시키기 위해서는 모든 수단들을 최적으로 투입해야 한다. 그러므로 개혁을 향한 모든 행위들을 기업의 전략적 목표에 겨냥시키라.

비전 없이는 전략도 없다

전략적 비전은 도달하고자 하는 목표를 명료하게 그린 그림이다.
가장 먼저 전략적 비전을 가진 것이 아니라면 전략적 계획은 무가치하다.
— 존 나이스비트 (미국의 미래학자)

연금술적 기업전략을 장기적으로 설계하며, 자주 변경시키지 말라. 연금술적 기업전략에는 총체적으로 작용하는 다양한 결정사항들이 내포되어 있기 때문이다. 개별적인 변경을 할 때마다 전체에 영향을 미치게 된다. 전략을 기업의 비전에 겨냥시키고, 모든 조처들을 의식적으로 계획하여 기업의 목표와 일치시키라. 비전이 없다면 전략도 없으며, 전략 없이는 질서정연한 행동도 없다. 목표의식이 없다면 성공도 없다!

연금술 경영법칙은 경영인을 위한 강한 메시지를 담으면서도 인간에게 친근한 기본 경영 노선을 제공한다. 이 법칙은 포괄적이고 전체적이며, 개혁에 초점을 두고 있다. 그러므로 연금술 전략은 기업의 업무분야와 업무기능을 비롯한 모든 분야를 포섭한다. "비전은 일반적으로 기업가의 사상을 표방하는 반면, 전략은 기업 자체가 설정한 목표에 도달하는 길을 제시한다."

연금술 여행을 시작하다

너무나 많은 사람들이 독창적 존재로 태어나 복제품으로 죽는다.
– 피에르 슈투츠 (스위스의 신학자)

우리는 사회 시스템과 기업의 발전이 당신이라는 개인에게 좌우된다는 사실을 확인했다. 그러므로 연금술 경영법칙이 지닌 최고의힘은 바로 "인간"이다.

당신의 아이디어, 당신의 비전을 완전하게 실행시킬 준비가 되었는가? 이 비전을 장기적으로 추구하고, 수많은 저항에도 굴하지않고 이를 관철시킬 준비가 되었는가? 당신만이 모든 것을 실현시킬 수 있다. 당신이 마음먹기만 하면 된다!

당신은 제1장에서 당신의 개인적인 상황에서 어떻게 새로운 도전과제들과 마주치는지 알게 되었다. 진정한 행복으로 나아가는 길은 의식적인 결정과 장애물을 전제로 한다. 그래야 당신의 연금술여행이 시작되며, 당신의 꿈을 좇는 개인적 인생행로가 시작된다.

연금술사가 된다는 것은 좋은 사례들로 솔선수범하고 비전을가시화시키며, 동시에 규율을 지키게 하고 동기를 불어넣으며, 새로운 길로 나아가는 용기를 갖는 것을 의미한다. 가장 먼저 지녀야 할것은 비전이며, 앞으로의 모든 행동들은 비전에 토대를 둔다.

연금술 경영법칙은 개별적 존재에게만 해당되는 것이 아니다.어느 누구도 오늘날과 같은 복합적인 사회에서는 다양한 변화를 더이상 혼자서 이루어낼 수 없기 때문이다. 그러므로 연금술사로서 당신에게는 비전을 함께 내면화시킬 전우들이 필요하다. 당신은 이 비전을 실행 가능한 것으로 여겨야 하며, 몇몇 이정표를 거쳐 이 비전에 도달할 수 있어야 한다. 비전을 현실화시키기 위해 마지막으로 요구되는 것은 투명성과 규율, 개인적인 인내심과 공동체에서 발휘되는 인내심이다.

최고의 힘인
"인간"에
대한 질문들

1. 당신은 명료한 비전을 가지고 있는가?

2. 당신의 비전은 기업 내에 충분히 파급되어 있는가, 그리고 당신의 직원들도 당신의 비전을 공유하고 있는가?

3. 당신은 직원들의 목표와 소망을 알고 있는가?

4. 까다로운 주제와 비판이 당신의 기업에서 개방적으로 거론되고 있는가?

5. 당신의 직원들은 일할 때 어느 정도의 기쁨을 느끼는가?

6. 당신의 직원들은 당신을 위해서라면 물불을 가리지 않는가?

7. 당신의 기업은 설정된 목표에 도달하기 위한 인력과 전문지식을 갖추고 있는가?

8. 당신의 직원들은 어느 정도로 감정적으로 관여하고 있는가?

9. 당신의 고객들은 당신 기업의 제품과 서비스에 얼마나 만족하는가?

10. 당신의 고객들은 당신의 서비스와 고객관리에 얼마나 만족하는가?

11. 당신의 팀은 취약점을 인정할 때 얼마나 진지한가?

12. 당신의 팀은 어느 정도의 서비스정신에 입각하고 있는가?

13. 당신의 직원과 당신의 경영팀은 얼마나 믿을 만한가?

14. 당신의 직원들과 당신의 경영팀은 얼마나 용감한가?

15. 팀에서 내린 결정들은 얼마나 효과적인가?

16. 당신의 기업에서 실수가 용납되는가?

17. 당신의 팀 구성원들은 기업과 기업의 제품 및 서비스에 자긍심을 느끼는가?

18. 당신은 당신의 직원들에게 자기책임 하의 결정을 행할 수 있는 가능성을 부여하는가?

19. 당신의 기업에서 의사소통은 제대로 이루어지고 있는가?

20. 당신은 최고의 직원들을 확보하고 유지할 능력을 갖추고 있는가?

어떤 "도구"의 도움으로 당신의 비전을 기업에서 구체적으로 실행시킬 수 있는지에 대해서는 다음 장에서 서술될 것이다.

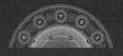

제2장

도구_제2의 힘

기업의 건강진단을 실시하라. 노폐물을 배설하는 인간의 육체처럼 기업이라는 조직체 역시 해로운 모든 찌꺼기가 배출되어야 한다. 이러한 찌꺼기는 기업의 효율성을 지체시킬 뿐만 아니라 재정적 손실과 같은 심각한 결과를 초래한다. 이것은 다리미에 비유될 수 있다. 즉 석회질이 쌓인 다리미는 석회질이 제거된 다리미보다 일정한 온도에 도달하기까지 훨씬 많은 시간과 에너지를 필요로 하게 된다. 이제 당신은 기업의 건강진단을 통해 이러한 상황을 막을 수 있게 된다.

경제학적 도구로 무장하라

비전은 계획을 필요로 한다. – **힐마 코퍼** (전 도이체방크 회장)

경제는 우리가 살고 있는 세계를 지배한다. 따라서 당신은 상황을 능통하게 파악하며 존속하기 위해서는 경제법칙에 정통해야 한다. 더욱이 당신이 경제법칙을 변경하려 한다면 일단 이 법칙을 잘 알고 있어야 한다.

본 장(章)은 연금술사로서 당신이 기업이라는 병약한 환자에게 다시 생명의 기운을 불어넣을 때 필요한 도구들을 제시한다. 이 장에 담긴 다양한 내용을 자극제이자 성지순례의 신앙수련으로 이해하라. 당신과 당신의 기업에 유익한 내용을 선별하라. 그 내용은 매우 개별적일 것이며, 어떠한 규정도 존재하지 않는다. 순례자는 당신이므로 자신의 길을 직접 구하라!

아마도 당신은 이렇게 자문하게 될 것이다. "왜 이러한 경영학적 도구로 나를 무장해야 하는가?" 당신이 원하든 원치 않든, 일상생활의 모든 것이 경제법칙에 예속되어 있다는 사실을 한 번 생각해 보라. 그렇기 때문에 당신은 경제법칙으로부터 최선을 꾀하고 경제의 힘을 자신에게 이롭게 활용해야 한다.

또 당신은 이렇게 자문할지도 모른다. "나의 사업이 성공적으로 진행되고 있는데도 경제적 도구들을 실행시켜야 하는가?" 하지만 그렇게 해야만 새로운 관점을 비롯한 포괄적인 그림이 당신에게 풍부한 지식을 부여할 수 있다.

기업의 겨울잠

목적이란 확정된 일정을 지닌 꿈과 같다.
– 조셉 오코너 (아일랜드의 작가)

일단 당신의 기업의 현 상태를 가차 없이 분석하라. 직원들과 충분히 대화를 나누고, 경영학적 수치를 정확하게 검토하라. 분석과 검토 결과를 통해 당신은 기계의 전원을 차단해야 할지, 아니면 환자와 같은 기업에 충만한 생명을 다시 불어넣을 수 있는지의 여부를 결정할 수 있다. 기업을 회생시키는 쪽으로 결정을 했다면 당신은 당신의 팀과 함께 기업회생 계획을 설정하고 이를 실행에 옮긴다.

다양한 경고조의 신호들이 기업 상황이 점점 악화되고 있다는 사실을 보여줄지도 모른다. 이를테면 단골 고객들로부터 주문이 더 이상 들어오지 않거나, 제품이 점점 다양해짐에도 불구하고 공장시설이 완전하게 가동되지 않는다거나, 혹은 제품에 대한 항의 건수가 늘어날 수도 있다. 재고량은 점점 늘며, 납품능력은 저하되고, 주문데이터는 제대로 관리되지 않으며, 이에 따라 복잡성 비용 (Complexity Costs)은 통제 불가능하게 된다. 그러나 당신이 이러한 징조를 제거하는 데만 그친다면 기업의 상황이 장기적으로 개선되지 못한다. 총체적인 치료만이 당신에게 실제로 도움을 줄 수 있다. 이러한 만성적인 징후들의 실태를 파악하고, 그 원인을 발견하고 제거하라. 다양한 규율과 도구, 조치들은 근대식 원가 산출부터 공정 기술과 기업 심리학, 건전한 인간의 오성에 이르기까지 기업의 치유를 도와줄 것이다.

위기의 경영인, 즉 기업의 연금술사는 이러한 전체적인 방법들을 활용하여 연구와 개발, 구매와 물류에서 생산과 기술력, 마케팅과 판매에 이르기까지 전체적인 가치창출의 연결고리를 진단한다. 가치창출의 연결고리를 구성하는 이러한 모든 요소들의 원가와 경영 효율성을 평가하기 위해서는 정확한 정보가 필요하다. 그렇지 않으면 제품이나 고객주문량에 따른 실제 수익을 명확하게 파악할 수 없으며, 생산흐름에서 주문 상태와 자재 불량을 통한 손실을 모두 검토할 수 없다. 그럼에도 불구하고 중요한 데이터를 충분히 파악하지 못하여 기업의 현 상태를 판단하는 일이 실패로 돌아가는 경우가 많다. 그 이유는 아마도 데이터 작업 시스템이 기업으로 충분히 유입되지 못하는 데서 기인할 것이다. 아니면 정보 데이터망이 기업의 상태를 파악하지 못하거나 너무 차단되어 있는 것일 수도 있다.

그러므로 당신에게 주어진 과제는 그늘이 드리워진 기업지표에 빛을 가져오고, 기업의 특수한 상황에 적합한 지표를 규정하는 것이다. 이것은 당신의 기업을 조종하기 위해 필요한 투명성을 마련할 수 있는 전제조건이다. 가능하다면 이와 동시에 통제(Controlling)를 근대화시키고 성과지수를 판단할 수 있도록 하는 수단들을 마련해야 한다.

효율적인 통제를 위해서는 적절한 데이터 작업시스템을 갖춘 총체적인 정보기술(IT) 운영이 필요하다. 정보기술 운영은 각각의 직원들에게 자신이 무엇을, 언제, 어떻게 실행할 수 있는지를 제시하면서 인간을 지원한다. 기업의 곳곳에서 시의 적절하게 정보기술을 운영한다면 조직 전체의 자질과 생산성을 고조시킨다. 그러므로 연금술사로서 당신은 기존의 시스템을 개선할지, 아니면 새로운 시스템을 도입해야 할지를 검토하라. 이때 가장 먼저 해야 할 일은 요구사항이 무엇인지에 대한 틀을 마련하는 것이다. 그런 다음 하드웨어 및 소프트웨어의 권고에 따른 원가/수익 평가를 토대로 작업에 임하라.

기업의 건강진단을 실시하라

**자신의 건강에 지나치게 신경을 쓰는 사람은
자신의 도구를 돌볼 시간이 없는 수공업자와 같다. - 스페인 속담**

가끔씩 당신의 기업의 건강진단을 실시하라. 노폐물을 배설하는 인간의 육체처럼 기업이라는 조직체 역시 해로운 모든 찌꺼기가 배출되어야 한다. 이러한 찌꺼기는 기업의 효율성을 지체시킬 뿐만 아니라 재정적 손실과 같은 심각한 결과를 초래한다. 이것은 다리미에 비유될 수 있다. 즉 석회질이 쌓인 다리미는 석회질이 제거된 다리미보다 일정한 온도에 도달하기까지 훨씬 많은 시간과 에너지를 필요로 하게 된다. 이제 당신은 기업의 건강진단을 통해 이러한 상황을 막을 수 있게 된다.

실패는 이미 한참 전에 예견되었다

기업의 노폐물은 조기에 인식될 수 있으며, 실패의 조짐은 이미 초창기부터 나타난다. 이것은 우리 일상생활에서 흔히 보이는 사실이다.

연금술과 정화

인간은 가장 고도로 발달된 존재이다. 그러나 인간은 자신의 영양분을 저차원적인 존재로부터 얻는다. 따라서 인간은 독성이 있을지도 모르는 "외부 존재"를 인간에게 이로운 것으로 변화시켜야 한다. 알곡에서 쭉정이를 가려내는 "신체 내부의 연금술사"는 이러한 변화과정을 수행한다. 파라켈수스에 따르면 무엇보다도 위와 간, 신장이 전체적인 신진대사 과정을 담당한다. 파라켈수스는 다음과 같이 쓰고 있다. "위가 강하면 신체에 영양분을 공급하기 위해 정화물질이 사지로 침입하며, 불순물은 대변을 통해 몸 밖으로 배출된다. 위가 약하면 위는 불순물을 간으로 보낸다. 간에서도 역시 정화작용이 일어난다. 간이 강하면 정화작용이 제대로 이루어지며, 동시에 소변을 비롯한 분비물을 신장으로 보낸다. 신장에서 정화작용이 제대로 이루어지면 신장은 건강한 것이며, 그렇지 않다면 분비물과 결석이 신장에 남게 되고, 이것은 모래로 응고된다. 나는 이 모래를 타르타루스(Tartarus)라고 부른다."

파라켈수스는 타르타루스를 결석과 경화, 관절염과 류머티즘, 관절통과 같은 모든 신체 기형 과정과 같은 만성 질병으로 이어지는 독성의 침전물로 이해했다. 원활한 정화작용과 더불어 해독기관, 특히 간, 쓸개, 장, 신장, 피부, 허파의 기능은 무엇보다도 중요하다. "신체 내부의 연금술사"가 허약하여 정화작용을 제대로 하지 못하면 타르타루스가 생긴다. 타르타루스가 생기기 전에 모든 만성 질병의 모체인 내적 부패가 진행된다.

당신의 핵심사업의 수익과 매출은 몇 달 동안 지속적으로 부진한 상태이다. 당신은 다음 단계로 넘어가기 위해 첫 번째 노력을 시도해야 한다. 즉 제품을 싼 값에 판매하고 원가절감 프로그램과 다운사이징(Downsizing) 조치를 시행한다. 또한 자금상환을 유보하고, 기업의 수익성을 개선시키기 위해 자사 소속업체의 성과를 활용한다. 그리고 당신은 단기 판매를 뛰어넘어 기업의 수익성을 좀더 향상시킨다. 이제 당신의 경영방침 혹은 외부 자문인의 도움으로 당신의 기업은 절박한 징후가 제거되었고, 기업의 상황은 몰라보게 개선되었을 것이다. 앞으로 기업의 상당한 성공을 이룰 것이라 짐작된다. 그러나 이제부터 본격적인 시작이다!

당신의 기업은 다시 이윤을 창출한다. 하지만 이러한 상황이 얼마나 오랫동안 지속될 것인가? 미봉책을 사용하지 마라. 악습의 실제 근원을 보지 않으려고 머리를 모래 속에 처박지 말란 말이다. 문제의 핵심을 발견하라. 그리고 당신의 기업을 정확하고 사례 특수적으로 분석하라. 이로써 당신은 당신의 기업을 부흥시키기 위한 최초의 강력한 발걸음을 내딛는 것이다.

기업을 새롭게 소생시키라

누군가에게 새 생명을 부여하는 것은 인간 존재의 매혹적인 부분이다. 우리는 이 행위를 매일 수행한다. 이를테면 중환자를 완전하게 치유하는 의사로서, 허물어진 집에서 새로운 빌라를 만들어내는 건축가로서, 시든 식물을 다시 꽃피우게 만드는 정원사로서, 용기를 북돋는 말로 격려하는 친구로서 말이다.

위기의 기업을 다시 소생시키는 일은 특히 가치 있는 일이다. 기업은 수많은 사람에게 이익을 분배하기 때문이다. 당신의 기업에 새로운 생명과 새로운 힘을 부여하기 위해 연금술사로서 당신은 어디에서부터 시작해야 하는가?

일단 위기에 처한 기업의 현재 상태를 철저히 분석하라. 위기의 원인이 매우 다양하므로 이것은 매우 까다로운 과제가 될 것이다. 다음의 영역들을 검토해 보라.

당신은 전략적 오류를 범했는가?

★ 성공을 정의하는 과정에서 발생한 결함

★ 강력한 근본가치의 부재

★ 기업철학의 불충분함

당신의 기업에 상업적 결함이 존재하는가?

★ 비용구조에 대한 안목 부재

★ 명료한 통제지표의 부재

★ 예산과 지출의 대조 불가능

★ 성과 분야와 맺는 관계의 불명확한 경계설정

★ 자기자본의 미약함

★ 바람직하지 못한 단기 및 장기 자금조달 상태

★ 유동자산 계획의 부재

★ 채무기간과 독촉경고 제도의 허술한 통제

★ 채무 상환에 대한 통찰력 부족

★ 빈번한 채권 결손

★ 지급능력 검토의 불충분함

★ 엄수되지 않는 지급조건

★ 불명확한 계약서와 계약방침

당신의 경영방침에 필수적인 자격 조건이 결여되어 있는가?

★ 직원들의 동기 결여

★ 마케팅 기획안의 미약한 실효성

★ 목표 집단의 불분명한 선별

★ 불충분한 시장 방향설정

★ 바람직하지 못한 고객서비스 조직

★ 적중하지 못하는 시장가능성과 광고

기업을 회생시킬 것인가? 죽음을 맞이할 것인가?

**만약 당신이 기업을 회생시키는 쪽으로 결정을 한다면
기업의 미래를 위한 새로운 기획안을 작성하라.**

기업의 위기 원인은 매우 다양하기 때문에 연금술사로서 당신은 기업을 위기에서 구해 내고 견고한 토대를 마련하기 위해 수많은 끈을 동시에 잡아당겨야 한다. 다음의 도식은 당신이 이 과정에서 거쳐야 하는 네 가지 주요단계를 제시한다. 이때 당신은 개별적 단계들을 동시에 전개할 수도 있다.

가장 먼저 기업의 현재 상태를 철저하게 분석하라. 여기서 확보

한 정보들을 토대로 당신은 당신의 기업을 가치 있는 기업으로 회생시킬 수 있는지의 여부를 결정할 수 있다. 만약 당신이 기업을 회생시키는 쪽으로 결정을 한다면 기업의 미래를 위한 새로운 기획안을 작성하라. 이를 위해 당신은 다양한 계획안을 설계해야 한다. 그리고 마지막으로 당신은 새로운 기획안을 실행에 옮기는 데 진력을 다해야 한다.

1. 당신의 기업의 현재 상태를 분석하라.
★ 킥오프 미팅(Kick-Off Meeting) 개최, 팀 구성원 지명하기
★ 기업과 현재까지의 기업발달사 서술하기
★ 합법적인 상황 검토하기
★ 재정관리 상황 검토하기
★ 성과 지향적 상황 검토하기
★ 행정적 토대 검토하기

2. 기업을 회생시키는 쪽으로 결정하라.
★ 위기의 증후와 원인 규명
★ 전략적 상황 분석
★ 재정적 상황 분석
★ 수익 상황 분석
★ 경영 능력 분석
★ 기회와 위기, 강점과 약점 분석 및 결과 서술
★ 응급조치 마련 및 실행

3. 새로운 기업 기획안을 작성하라.

★ 당신의 기업을 지속시키기 위한 사업계획안 작성

★ 회생방안을 고려한/고려하지 않은 자금조달 산출과 비교: 수익 및
  손실 산출, 결산, 재무계획, 경제지표

4. 당신의 새로운 기업 기획안을 현실화시키라

★ 결정된 방안 실행

★ 목표 달성 조정

★ 결과 보고 및 분석

기업회생을 담당할 팀을 구성하라

어느 누구도 혼자서는 교향악을 연주할 수 없다.
교향악을 연주하기 위해서는 오케스트라가 필요하다. – 햄포드 루코크 (미국의 성직자)

위기의 기업을 회생시키는 과정을 담당하는 장본인은 바로 인
간이다. 인간은 기업에 에너지를 불어넣기도 하며, 파산으로 몰고
가기도 한다. 인간은 기업 정신을 변화시키며, 기업에 움직임을 부
여하기도 한다. 인간은 마비된 기업에서 새로운 기업을 창조한다.
그러므로 당신의 기업을 회생시키기 위해 변화의 용기를 지닌 사람
들로 구성된 팀을 결성하라.

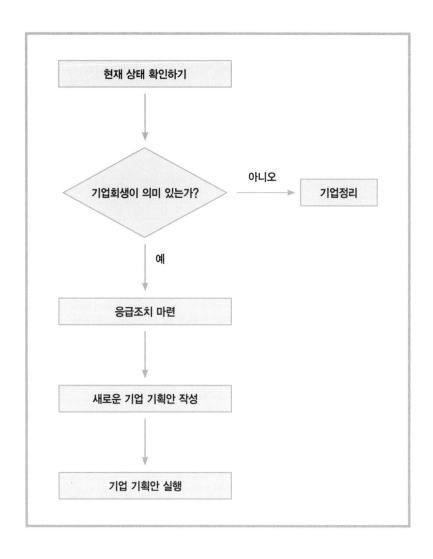

현재 상태 확인하기

기업회생이 의미 있는가? → 아니오 → 기업정리

예

응급조치 마련

새로운 기업 기획안 작성

기업 기획안 실행

여행을 시작하라

기업회생의 과정은 대개 한 명의 인물, 예를 들면 기업 소유인이나 경영인, 혹은 작은 집단에 의해 시작된다. 이때 이러한 인물이나 집단에게 가장 중요한 최초의 과제가 부여된다. 즉 이들은 킥오프 미팅을 주선하여 기업회생을 위한 팀을 결성해야 한다.

이렇게 결성된 기업회생팀은 지금까지의 경영방식을 강제적으로 따를 필요는 없다. 경험이 풍부한 능숙한 경영인들에게조차 기업회생의 과제를 선별하고 계획하고 실행하는 과정에서 과도한 요구가 주어지는 경우가 많다. 왜냐하면 이 과제는 매우 까다롭기 때문이다. 그러므로 포괄적인 결과를 가져오는 평범한 일상 업무와 함께 기업을 전략적으로 변화시키는 것이 중요하다.

★ 팀 구성원은 필수적인 분석과 보고, 프로젝트와 협상을 위해 전문지식과 많은 시간을 필요로 한다.

★ 팀 구성원은 일상 업무로 인해 시간적 압박에 시달린다.

★ 팀 구성원 당사자가 편파적 성향을 가질 수 있다.

★ 기초데이터가 불완전하거나 오류투성이이며, 또는 전혀 존재하지 않는 경우가 많다.

팀 구성원은 다양한 어려움과 마주치게 된다. 따라서 팀 구성원이 업무나 자신의 타성에 빠지지 않고 필수적인 과제를 수행하는 것이 중요하다. 그러므로 팀을 구성하고 기업회생을 담당하는 모든 사람들—경영인, 외부 자문가를 비롯한 그 외 모든 사람들—은 자신이 이 일에 실제로 적합한지의 여부를 사전에 정확하게 검토해야 한다. 경영진 자체가 위기의 요인인 경우가 많기 때문이다.

동종번식을 막아라

기업회생팀이 기업의 현재 상태를 주관적인 관점에 따라 너무 긍정적으로 평가하지 않도록 하기 위해 연금술사로서 당신은 고위 내부 경영진을 비롯한 자문단이나 감사부 등의 외부 전문가를 영입해야 한다. 외부의 투자가나 거래은행 측에서 당신의 기업을 회생시킬 가치가 있다고 간주하는 경우에는 더욱이 그러하다. 그러므로 팀 구성원을 통해 추가적인 전문지식과 객관성을 확보하라.

동시에 자금과 네트워크 또한 확보하라. 팀 구성원은 당신이 새로운 고객과 파트너, 새로운 은행과 투자가를 발견할 수 있도록 당신을 적극적으로 후원하고 당신에게 그들의 네트워크를 열어준다. 이러한 살아 있는 네트워크는 당신에게 일종의 기업 서식지로 발전된다. 자연에서도 마찬가지로 서식지 내의 무리들이 상호 보완하고 지지함으로써 생존경쟁에서 수월하게 살아남는다는 사실을 입증해준다. 시스템 전체는 안정적이며 생존력이 풍부하다. 반면 몇몇 식물들이 초목이 전혀 번성하지 않은 주변지역에서 서식한다면 훨씬 느리게, 그리고 훨씬 위험하게 자라난다.

킥오프 미팅과 기업회생을 위해 최상의 전략 및 통제를 수행할 사람을 여러 명 선발하라. 구성원의 수는 그들이 언제든지 신속하게 행동할 수 있는 선 안에서 산정하라. 보통 약 4명에서 8명의 구성원이 적당하며, 기업의 규모가 큰 경우는 구성원의 수가 더 많이 필요하기도 하다. 당신이 모든 과제들을 완전하게 수행하려면 전문인으로 구성된 팀을 구성하는 것이 가장 좋다. 예를 들면 통제(Controlling)와 생산시스템의 구조조정과 같은 특수 과제를 담당하

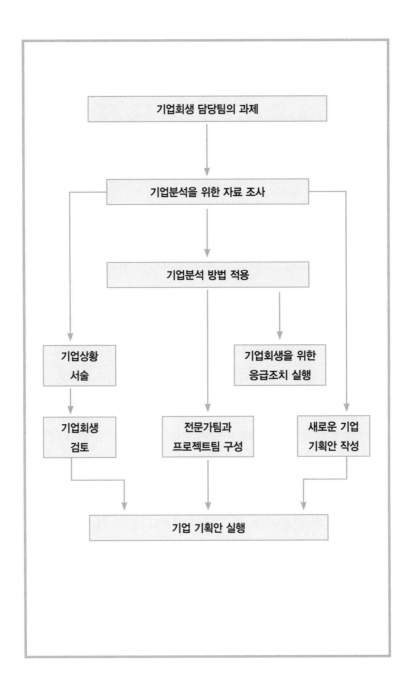

는 프로젝트팀을 구성하는 것이다.

이때 킥오프 미팅을 거친 이후에 팀을 구성하라. 이 회의에서 당신은 우선 가장 시급한 사안들, 예를 들면 지금까지의 경영방침이 안고 있는 강점과 약점, 위기를 모면하는 새로운 경영방침의 선별, 팀 구성원의 보수 등과 같은 사항을 명확히 규정한다. 당신이 기업회생팀을 투입시키는 즉시 팀은 그때부터 다양한 과제를 수행한다.

기업상황 서술

**정직함은 적에 대항해서는 능력이고, 친구 앞에서는 당위이며,
자신에 대해서는 의무이다.**
– **필립 로젠탈** (독일의 기업가이자 정치가)

가차 없는 분석

연금술사로서 당신의 첫 번째 과제는 기업회생팀과 함께 기업의 현재 상태를 가차 없이 분석하는 것이다. 지금까지의 기업 발전사, 즉 법적·경제적 상황과 행정적 기반들을 서술하라. 개인적인 면담과 설문조사, 데이터분석을 통해 이러한 정보들을 입수하는 것이 가장 좋다. 연금술사이자 기업회생팀의 지도자인 당신이 이 과정을 주도한다. 기업의 모든 부서에 있는 직원들에게 과제를 할당하라.

훌륭하게 경영되어 온 기업에게 이러한 과제는 커다란 도전과제를 의미하지는 않는다. 그러나 데이터를 얻는 일이 힘들고 불완전하다면 이것은 다름 아닌 기업의 위기를 의미하며, 경영오류와 어긋난 규율 등의 다양한 위기들이 예측될 수 있다. 연금술사로서 당신은

정보를 확보하는 과정에서 항상 정직한 분위기가 형성되도록 하라. 그래야만 모든 참여자들이 발설하기 어려운 진실을 용감하게 드러낼 수 있다. 기업에 대한 미화된 정보들은 치명적 결과를 가져오기 때문이다. 이 때문에 많은 기업들은 위기를 극복하지 못했다.

전망에 대한 한 가지 질문

셜록 홈즈(Sherlock Holmes)와 왓슨(Watson) 박사는 함께 야영을 떠났다. 그들은 자연 속에서 멋진 하루를 보내면서 구릉이 많은 지역을 산책했다. 저녁이 되어 어두워지자 그들은 천막을 세웠다. 맛있는 식사를 준비하고 모두 먹은 후 두 사람은 피곤에 지쳐 잠에 들었다.

새벽 일찍 잠에서 깬 홈즈는 알아들을 수 없는 소리로 중얼거리면서, 옆에서 자고 있던 왓슨의 옆구리를 살짝 누르며 깨웠다. 그는 말했다. "왓슨, 빨리 눈을 뜨고 하늘을 좀 올려다보게. 무엇이 보이는가?"

잠에 취한 왓슨은 겨우 눈을 떴다. "별이 보이는데요, 홈즈 씨. 셀 수 없이 아주 많은 별들이요." 그는 대답했다.

"저것을 보니 어떤 생각이 드는가, 왓슨?" 홈즈가 물었다.

왓슨은 잠시 곰곰이 생각했다. "글쎄요, 홈즈 씨. 저것이 말해 주고 있는 것은, 지구 밖에 무수하게 많은 별들과 은하계가 있으며, 아마도 수천 개의 행성이 있다는 것이지요. 그러니까 제게 떠오르는 생각은, 우리 인간만이 우주에 존재한다는 이론을 반증하는 많은 것들이 존재한다는 것입니다. 저는 하늘을 올려보면서 이러한 광활한 규모 앞에서 겸허함을 느낍니다. 그런데 당신에게는 어떤 생각이 떠오릅니까?"

"왓슨, 자네 참 어리석군그래." 홈즈가 큰 소리로 말했다. "내게 어떤 생각이 떠오르냐면 말이지. 바로 누군가 우리 천막을 훔쳐갔다는 것일세!"

기업회생을 위한 검토

살아남은 것과 이별하라, 그러지 않으면 살아남지 못한다.
– 만프레트 힌리히 (교육가)

당신은 기업회생의 초기 단계에서 이미 기업 검토를 마쳤다. 검토 결과를 통해 당신은 기업을 유지하고 회생시킬 수 있는지의 여부를 알게 된다. 이때 다음의 기본규칙을 명심하라. 당신의 기업은 "앞으로의 수익과 예정된 자금공급으로부터 적어도 채무와 기업 지출 비용과 관련된 자본업무를 충족시킬 수 있는 경우에만 살아남을 수 있다. 게다가 당신의 기업은 자본 영역에 여러 조치들을 투입하여 채무 초과를 극복할 수 있다."

당신의 기업은 어떠한 상황에 놓여 있는가? 위기를 극복하기 위한 아무런 조치를 취하지 않는다면 당신의 기업은 앞으로 어떻게 될 것인가? 현재의 유동 자산, 단기적인 채무와 채권(액수, 지급기한, 수령 위기), 신용방안을 검토하라. 주문 상태, 기업의 현재 매출 구조로 인한 위험부담, 기존의 고객과 제품 등과 관련된 위기들을 검토하라.

기업 분석을 위한 자료

시대에 순응하는 사람은 결코 원천에 도달하지 못한다.
– 페터 틸레 (독일의 잠언작가)

기업의 현재 상태를 분석하기 위해 당신에게는 신뢰할 만한 자료가 필요하다. 다음 도식에서 자료의 선별방법을 엿볼 수 있다. 자료는 대개 데이터와 지수로 구성되는데, 이러한 자료들은 명확할 수도, 또 가끔은 불투명할 수도 있다.

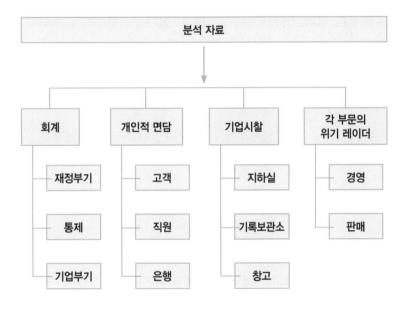

회계

통제는 기업의 방향을 주도하고 목적을 실행하도록 지원한다.

우선 기업의 회계업무를 검토하라. 이 과정에서 당신은 세 영역과 마주치게 된다. 즉 재정부기, 기업부기, 통제가 그것이다.

재정부기는 기업의 재화 유통을 분석하고 기록한다. 반면 기업부기는 모든 해당 비용을 분석한다. 기업부기는 기업의 실무적인 계획과 통제를 위한 모든 정보들을 갖추고 있다. 여기에 속하는 것은 프로세스 원가, 임금원가, 한계비용, 원가중심점(Cost center) 계산, 원가 대상(Cost object) 계산 등이 있다.

마지막으로 통제(Controlling)는 재정부기와 기업부기에서 얻은 데이터를 분석한다. 통제는 기업이 목적을 달성했는지, 혹은 목적이 결여되어 있는지의 여부를 알려주는 다양한 지표를 산정한다. 당신은 이 지표를 바탕으로 행동해야 한다. 통제는 기업의 방향을 주도하고 목적을 실행하도록 지원한다.

재정부기, 기업부기, 통제는 중요한 자료들을 담고 있다. 이 자료의 도움으로 연금술사로서 당신은 기업의 현재 상태를 분석할 수 있다. 그러나 위기의 기업에서는 경영 회계업무가 충분히 수행되지 못할 수도 있다. 따라서 당신의 기업에 중요한 지표를 신속히 분석하고, 이 지표를 집중적으로 현실에 반영시키라. 지표에 담겨 있는 기업 특유의 시스템을 초기 단계에서부터 설정하고 기업회생 과정 전반에 걸쳐 이 지표를 사용하라. 이로써 당신이 투입한 조치들이 성공적인지를 판가름할 수 있다.

개별 면담

나와 대화를 나누고자 하는 사람은 그저 자신의 생각을 들으려고만 하면 안 된다.
– 빌헬름 라베 (독일의 작가)

중국에 다음과 같은 속담이 있다. "십 년에 걸친 독서보다 실제 사람과 하룻밤에 나눈 대화에서 더 많은 것을 배운다." 이 속담이 연금술사로서 당신에게 의미하는 바는 다음과 같다. 즉 당신은 책에 쓰이지 않은 것, 예를 들어 사태를 은폐하는 기업의 분위기, 기업 수치의 미화, 속임수 등을 개별 면담을 통해 알아챌 수 있다는 것이다.

흐름을 인식하라

연금술사로서 당신은 당신의 직원과 고객, 은행 대변인, 분석가, 공급업체, 기업자문인과 대화를 나누라. 당신의 기업을 제대로 판단하기 위해 무엇보다도 당신은 고객의 견해를 알아야 한다. 그러므로 고객을 선정하여—우수한 고객과 그렇지 못한 고객 모두를 포함하여—그들과의 대화를 통해 기업의 현 상황에 대한 포괄적이며 상세한 자문을 얻으라. 그들은 대부분 당신의 기업에서 높이 평가되는 것과 그들의 마음에 들지 않는 것을 기꺼이 설명할 것이다. 이러한 고객의 견해를 통해 당신은 기업에 이미 존재하는, 혹은 앞으로 도입하게 될 모든 성과의 가치를 인식한다. 대화를 통해 서비스와 질, 신속함, 유동성, 배송의 정확성과 같은 중요한 요인을 검토하라. 그리고 이를 토대로 기업시찰을 하여 추가 정보를 얻으라.

기업시찰

현 상태에 대한 판단은 현장에서 하는 것이 가장 좋다.
– 게오르크 폰 슈타인 (저널리스트이자 미디어코치)

당신은 현실적인 문제들을 오직 현장에서만 인식할 수 있다. 그러므로 몸소 고생을 하여 현장을 둘러보라. 지하실과 외부 창고, 업무 현장을 직접 시찰하라. 기업시찰을 한 후에야 비로소 당신은 위기의 실제 원인을 인식할 수 있다. 보고서에 적힌 단순한 숫자에서 나타나는 경영오류를 기업시찰을 통해 훨씬 더 명확하게 인식할 수 있다. 다음의 항목들을 검토하고 당신이 유념해야 할 사항들을 점검하라.

기업의 현 상태

★ 업무 현장

★ 교통상의 입지조건

★ 운송 진입로

★ 원료 공급 지역

★ 환경보호 조건

★ 전력공급

★ 기업부지의 상태

공장의 현 상태

★ 생산 공정

★ 내부 수송로

★ 공장부지의 공간분할

관리부서 건물과 제조 건물

★ 상태

★ 기존의 수용조건

★ 확대 가능성

★ 대안적인 활용 가능성

★ 청결 상태

기계와 설비

★ 제조년도

★ 상태

★ 완전 가동력

★ 기술적 표준상태

★ 실제 생산 능력

★ 적재된 자재

생산과정

★ 제조과정

★ 창고 재고량

★ 창고 상태

★ 창고에 적재된 제품과 재료의 상태

★ 재고관리 유지비

★ 재고검사 시스템

기업 분위기
  ★ 직원들과의 교류
  ★ 기업 내 분위기
  ★ 경영진의 태도
  ★ 시설 정도

위기 레이더—기업의 모든 영역을 비추어 보라

우리는 중국인에게서 많은 것을 배울 수 있다.
중국에서는 위기와 기회를 의미하는 단어로 동일한 문자를 사용한다.
— 리하르트 폰 바이츠제커 (전 독일 대통령)

최근 몇 년간 기업 파산 횟수는 급격하게 증가하는 추세이며, 법원의 활동과 파산통보로 수많은 기업들이 죽어가고 있다. 조사에 따르면 파산 기업의 대부분의 책임자들은 그들의 기업의 존재가 위기에 처해 있다는 사실을 배제하거나 너무 늦게 인식한다.

그러므로 예방 차원의 위기 레이더를 설치하여 경고 신호를 조기에 인식할 수 있도록 하라. 모든 기업위기의 절반 이상은 기업 내부에서 생성되기 때문이다. 효율적인 위기 레이더를 통해 당신은 많은 것을 미리 예방할 수 있다. 연금술사로서 당신은 경영에서부터 재무·통제, 인력, 매상, 생산과 투자, 공급과 물류, 조직과 연구 및 개발에 이르기까지 모든 개별 영역들을 분석하라.

기업의 모든 부서에 존재하는 위기의 원인

파산은 빌어먹게도 채권자를 희생으로 영양분을 섭취한다.
− 에밀 바슈논가 (스위스의 잠언작가)

연금술적 관찰을 통해 당신은 기업의 어느 부문이 위기를 야기하는지 인식하게 된다. 다음의 목록들은 개별 부서에 존재할 수 있는 문제 사례들을 당신에게 제시한다. 이 목록으로부터 관찰을 위한 자극을 끌어내라. 그러나 미리 얼굴을 찌푸릴 필요는 없다.

경영

★ 시대에 뒤진 기획안 고수

★ 가부장적인 경영스타일

★ 빈번한 변동

★ 임무 배정 능력의 부재

★ 통제력 부재

★ 경영문제를 둘러싼 기업 소유인과의 마찰

직원

★ 동기 결여

★ 자질 결여

★ 인사계획 부재

★ 능력 있는 직원들에 대한 야박한 대우

★ 방해되는 직원들의 신속한 해고

★ 퇴직한 직원들을 통한 경쟁

조직

★ 개별 부문 조화능력 결여

★ 광범위한 구조조정

★ 부적당한 법률

★ 불충분한 프로젝트 작업

연구 및 개발

★ 연구와 개발 부족

★ 연구와 개발 기획안의 결여

공급과 물류

★ 특정 원료 제공업체와 공급업체와의 강한 유착

★ 자가 소유 차량의 과도한 수용범위와 비용

★ 매입 전략의 결함

생산

★ 일부 제품에의 강한 유착

★ 시대에 뒤떨어지거나 아직 검증되지 않은 최신 기술

★ 제조공정 관리의 결함

★ 불충분한 품질보장

★ 너무 빈번한 불량품 생산비율

★ 제조공정의 애로사항

매상

★ 시대에 맞지 않은 제품 성격

★ 너무 고도의, 혹은 너무 미약한 품질

★ 너무 다양한, 혹은 너무 편협한 제품 종류

★ 의미 있게 구성되지 않은 포트폴리오

★ 적절치 못한 가격정책

★ 판매수단의 결함

★ 제대로 조직화되지 못한 판매

★ 잘못된 고객 겨냥

★ 불량 서비스

★ 불량 상표 이미지

투자

★ 너무 미약한 투자

★ 너무 이른, 혹은 너무 늦은 투자

★ 투자 견적 부재

★ 투자 규모와 투자 위기의 잘못된 산정

재무·통제

★ 너무 미약한 자기자본

★ 잘못된 비용 산정과 견적

★ 다양한 기준에 따른 성공 해독의 오류

★ 불충분한 재무계획

★ 조기경계 시스템의 부재

★ 장기적 자금조달의 경우 기한 조정 실패

★ 고액의 채무와 이자부담

★ 해결해야 할 과도한 요구들

기업위기 단계

멸치는 모든 사회구축 단계를 돌파한 일종의 고래이다.
- 유고슬라비아의 속담

기업의 어느 부문에서 위기가 발생했는지는 차후에 판단될 수도 있다. 그러나 당신이 지금 기업의 현 상태를 분석한다면 기업이 어떤 위기 단계에 존재하는지를 검토해 볼 수 있다. 무엇보다도 기업은 전략적 위기에 처해 있을 것이다. 이러한 위기가 확대되면 기업은 수익을 올리지 못하고 실패위기에 빠질 것이다. 책임자들이 당장 전환점을 도입하지 않는다면 유동자산마저 위태로워질 것이다. 바로 이 시점부터 기업은 가느다란 외줄 위에서 평형을 유지해야 할 형편이며, 아무도 붙잡아주지 않는다면 곧바로 파산으로 곤두박질할 것이다.

전략적 위기

전략적 위기는 기업의 잠재적 성공가능성을 위태롭게 한다. 전략적 위기는 다음과 같은 상황에서 기인한다.

★ 잘못된, 혹은 시대에 뒤떨어진 상품정책

★ 잘못된 입장

★ 잘못된 공정기술

★ 타성에 젖은, 혹은 자격 요건 미달의 직원

실패위기와 수익성 저조

기업이 생산비용을 충당할 정도의 이윤을 추구하지 못한다면 실패위기에 놓이게 된다. 현재의 전략으로 더 이상 이윤추구를 꾀하지 못한다면 기업의 자기자본은 점점 축나기 시작한다. 매상저조, 가격인하, 또는 예상치 못한 경비상승 등이 이러한 위기를 초래할 수 있다. 경영진이 기업을 정상궤도로 오르게 하지 못한다면 기업은 몰락을 향해 치닫게 된다.

유동자산 위기

현재의 시급한 지급불능 문제는 유동자산 위기를 가져온다.

★ 무보증 상태의 어음 지급기한 만기

★ 무보증 상태의 이자 지급기한 만기

★ 신용대부 범위의 삭감

★ 공급업체와 은행의 신용대부의 단기 만기일

전략적 위기가 수익성 저조 위기로 이행되기까지는 상당히 오랜 시간이 걸린다. 반면 수익성 저조 위기에서 유동자산 위기로 이행되는 것은 순식간에 이루어지며, 이는 결국 파산을 가속화시킨다. 이러한 사태를 막기 위해서는 조기에 위기를 인식하고 신속한 조치를 취해야 한다. 그래야 기업의 성공 가능성이 개선된다는 사실을 명심하라!

기업의 위기를 초래하는 내부 원인에 맞서는 일은 매우 간단하다. 그러나 경제 상황 등의 외부 요인 또한 기업의 위기에 영향을 미칠 수 있다. 예를 들어 국가 경제가 불경기이거나 전시(戰時)의 관광업계 문제 등의 업계 변화, 혹은 일반적 경제구조, 에너지 자원으로서 석탄의 수요가 점점 줄어드는 상황 등이 외부 요인에 속한다고 할 수 있다.

그러나 당신은 상품 범위를 다양하게 확장하거나(석탄을 축소시키고 풍력을 도입하는 등) 불경기 상황에 기업 자체 소유의 여행사를 매각함으로써 이러한 외부 요인에 대해서도 대응할 수 있다.

기업 위기의 원인

이제 연금술사로서 당신은 기업의 현 상태에 대한 분석결과를 어디서 마련할 수 있는지 알고 있을 것이다. 가장 중요한 과제는 회계자료, 개별 면담, 기업시찰, 위기 레이더 등의 모든 자료출처에서 얻은 분석 결과들을 서로 결합시키는 일이다. 그렇다면 당신은 어떤 방법으로 모든 정보들을 확장시킬 수 있는가?

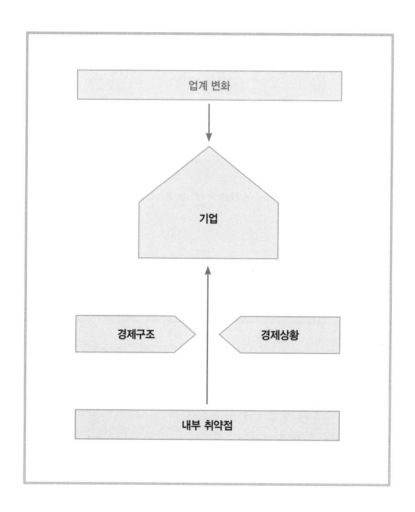

업계 변화

기업

경제구조   경제상황

내부 취약점

위기의 원인을 분석하라

당신의 작업방식이 불명확하게 다가올수록 작업은 어려워진다.
– 캐싱햄 (독일의 비평가)

　다음에 기술되는 분석방법은 모든 기업의 회생과정에서 매우 중요하다. 당신은 이 방법들을 원하는 바에 따라 확장할 수 있다. 그러나 이때 중요한 것은 가능한 한 많은 방법들을 적용하는 것이 아니라 원인과 관계를 인식하는 일이다. 그러나 특정 분석방법의 장점과 단점을 신중히 고려하기 위한 시간이 대체로 부족할 것이다. 이 경우 다음의 중점적 방법들이 기업의 현 상태에 좋은 첫인상을 마련할 수 있도록 당신을 도울 것이다.

지급능력을 안정시키라

인간이 최고의 가치를 두는 능력은 지급능력이다.
– 오스카 블루멘탈 (독일의 비평가이자 극장주)

평범한 사람은 오랜 기간 동안 빚을 내서 살지 못한다. 사람은 보통 자신이 지급능력이 있는지의 여부를 알고 있다. 반면 기업에서는 수없이 입출금되는 자금으로 지급능력의 여부가 불투명하거나 완전히 은폐될 수 있다.

기업이 액수와 기한에 맞추어 모든 채무의무를 이행할 수 있다면 그 기업에게는 지급능력이 있는 것이다. 당신의 유동자산 정도를 검토해 본다면 기업 부기 상황을 알게 된다. 이에 이어 유동자산의 상태와 재정 상태에 대한 대차대조표를 작성하라. 이 대차대조표는 현재의 모든 자산과 채무를 포착하고 있으며, 유동자산과 지급기한의 정도에 따라 이를 대조해 볼 수 있게 한다. 이때 당신이 조달할 수 있는 예비자금을 고려하는 것도 잊지 말라. 이를테면 당신은 어디서 추가 자본을 인수할 수 있는가, 어떤 자산을 표면화시킬 것인가, 어떤 단기 채무를 장기 채무로 전환시킬 수 있는가, 당신은 어디서 무담보 신용대부를 얻어올 수 있는가?

재정 상태에 대해 확보한 데이터들을 앞으로의 입출금 흐름으로 응용하라. 이때 앞으로 추구할 행동과 변화들이 가져올 재정적 결과를 염두에 두는 것을 잊지 말라. 예를 들어 당신이 사무실을 임대하거나 임대를 포기할 때 얼마의 비용이 소요되는가, 연구 부서를 폐지하거나 확장할 경우 어떤 결과가 초래될 것인가?

이제 당신은 이러한 재정계획의 사례를 보게 될 것이다. 이 사례

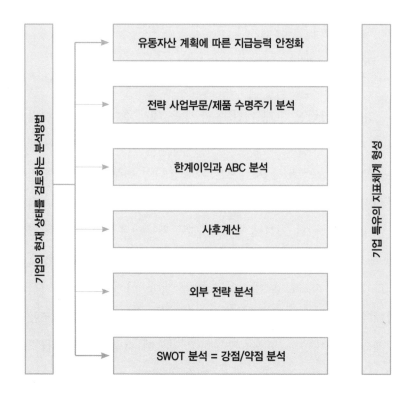

로부터 당신의 상황에 적절한 재정계획을 작성할 수 있는 계기를 마련하라. 필요하다면 우수한 자문단에게 문의를 해도 좋다. 중요한 것은 당신이 작성한 재무계획표에 따라 재무계획이 안전하게 실행되도록 하는 것이다.

　　다음의 재정기획안은 앞으로 당신의 자금조달에서 결핍되어 있는 것이 무엇인지를 보여준다. 당신이 해야 하는 일은 서로 다른 두 개의 기획안을 작성하는 것이다. 즉 하나는 기업회생 조치를 담고 있는 기획안이며, 다른 하나는 그러한 조치를 담고 있지 않은 기획안이다.

판매/지출/수익 계획	제1계획 년도	제2계획 년도	제3계획 년도	제4계획 년도	제5계획 년도
1. 판매					
1.1 판매 수익	352	450	680	1521	2154
1.2 재고 변화	250	270	350	800	700
1.3 현 수익상황	500	200	150	50	0
1.4 기타 기업 수익	0	15	50	30	80
1.5 판매 총액	**1,102**	**935**	**1,230**	**2,401**	**2,934**
2. 지출경비					
2.1 자재와 물품	50	10	60	120	130
2.2 외부 하청	10	5	250	30	30
2.3 임금	5	10	15	20	25
2.4 건물 및 기계 임대	10	10	15	15	20
2.5 공제	0	20	25	30	50
2.6 기타 기업 지출경비	5	5	10	10	10
2.7 예비비	0	5	15	20	25
2.8 특별 지출	0	5	20	20	20
2.9 지출경비 총액	**80**	**65**	**410**	**265**	**310**
3. 일반적인 업무활동의 수익	**11,022**	**870**	**882**	**22,136**	**22,624**

기업이 자금 부족으로 인해 기한에 맞추어 채무의무를 이행하지 못한다면 기업은 지급능력이 없는 것이다. 지급능력을 검토하는 법적 기한은 약 6개월이다. 그러므로 당신이 작성하는 재정기획안은 적어도 향후 6개월의 기간에 대한 계획을 포착하고 있어야 한다.

당신의 기업의 지급능력에서 중요한 사항은 당신이 예상하고 있는 판매액이다. 따라서 높은 판매액을 약속하는 제품 사업을 활성화시키라. 판매를 올릴 가능성이 없는 상품은 완전히 배제시키거나 가격을 인하하라.

한계이익과 ABC 분석

한계이익은 다른 말로 표현하면 자양물이라고 할 수 있다.
– 만프레트 그라우 (독일의 출판인)

한계이익 산출은 어떤 상품이 어떤 성공적 기여를 하는지, 어떤 고객들이 기업매출액을 가져오는지를 보여준다. 투입한 생산비용보다 더 높은 수익을 거둬들이는 상품이 있는가, 아니면 투입된 생산비용만큼만 판매를 올리는 상품인가, 아니면 오히려 손실을 가져오는 상품인가?

ABC 분석은 당신의 모든 상품과 서비스를 순위별로 나타낸다. A는 높은 판매액을 가져오는 최상위 상품을 지칭하며, B는 중간 정도의 판매액을 가져오는 중간 단계의 상품을 가리키며, C는 판매액이 낮은 최하위 제품을 지칭한다. 다음의 도표는 전형적인 ABC 상품 분류를 보여준다.

등급	판매	물량
A	약 60~80%	약 10%
B	약 10~20%	약 15~25%
C	약 10~20%	약 65~75%

ABC 분석을 고객을 대상으로 수행해 보면 판매의 80퍼센트를 20퍼센트의 고객, 즉 A등급의 고객으로부터 거둬들인다는 사실을 알 수 있다. 이때 고전적인 상업 규칙을 명심하라. 즉 어떠한 주문업체도 25퍼센트 이상 크지 않으며, 어떠한 시장세분화도 25퍼센트 이상이 아니며, 어떠한 주문도 자체 총규모의 25퍼센트 이상이 아니라는 점이다.

바로 이러한 단순한 규칙 때문에, 혹은 이러한 단순한 규칙에도 불구하고 ABC 분석은 기업의 현재 상태를 분석함에 있어 설득력 있는 분석법으로 꼽힌다. ABC 분석으로 당신은 훌륭한 상품과 훌륭한 고객을 선별할 수 있다. 그러므로 ABC 분석에 비중을 부여하라. 취약한 상품 생산을 중단하고, 강한 구매력을 지닌 고객을 위한 최적의 상황을 만들어라.

물론 당신은 ABC 분석을 그 외의 다른 중요한 모든 분야에 걸쳐 적용할 수 있다. 특히 절대적인 한계이익에 따른 ABC 분석은 훌륭한 분석도구이다.

한계이익

한계이익은 원료비, 하청, 판매비, 광고비, 할인, 수수료 등 상품 주문에 직접 가산된 총 경비를 제한 후 판매액에서 남은 돈을 지칭한다. 행정 관리비용 등 생산에 전혀 가산되지 않은 고정비용은 한계이익으로 충당된다. 가장 좋은 방법은 생산주문을 인수하기 전에 한계이익을 산출하고, 실제로 한계이익을 달성할 수 있는지의 여부를 검토하는 것이다.

한계이익은 다음의 공식으로 산출된다
★ 한계이익 = 판매액 − 가변비용

주문과 상품, 혹은 한 부서의 한계이익이 높을수록 경영학적 관점에서 이것들의 비중은 점점 높아진다. 그러므로 기업을 회생시킬 때 이러한 규칙을 고려하라.

사후계산

내 뒤에 놓인 0은 나를 10배로 늘려준다. 그러나 내 앞에 놓인 1은 나를 대폭 감소시킨다.
– 라이너 쿨마이어 (독일의 학자)

사후계산을 통해 당신의 기업에서 판매액이 높은 상품(A 상품)에서 큰 액수를 절감할 수 있다. 왜냐하면 바로 A 상품에서 다양한 비용들이 절약되는 경우가 많기 때문이다. 많은 기업들은 상품 생산에 소요되는 비용을 한 번만 산출할 뿐 사후계산은 수행하지 않는다. 그러나 사후계산을 통해 원료비, 환시세, 거래 상품량의 규모 등 많은 매개 변수가 변화한다는 사실을 알 수 있다.

제품 수명주기 분석과 포트폴리오 분석

다음 단계는 제품 수명주기 분석과 포트폴리오 분석으로 전략적 수단들을 배우는 것이다. 이 분석법으로 당신은 다음과 같은 질문에 답할 수 있다. 즉 제품의 수명이 오래 지속될 것인가? 제품의 수명을 연장시키기 위해 우리는 제품에 새로운 특성을 부여해야 하는가?

60세의 아들을 위해 주택청약 적금을 신청하거나 세 살짜리 딸을 위해 양로원의 자리를 예약하는 아버지는 없을 것이다. 모든 결정들은 한 사람, 혹은 한 제품의 수명주기 내에서 영향을 발휘해야 한다. 제품이 시대에 뒤떨어진다면 당신은 그 제품을 위한 마케팅 예산을 동결시켜야 한다. 수명주기 분석은 전략 계획의 표준방법이다. 아래의 도표는 전형적인 제품 수명주기를 보여준다.

수명주기 분석에서 얻은 데이터를 한계이익 산정과 ABC 분석에

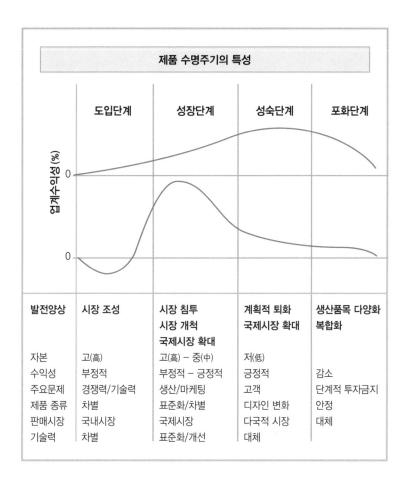

서 얻은 정보와 결합시키고, 각 제품들이 기업에서 차지하는 의미를 규정하라. 이것이 바로 포트폴리오 분석이다. 포트폴리오 분석은 앞으로의 판매액, 고정비용과 한계이익의 경제적 토대를 제공한다.

기업의 각 제품들을 단종 제품, 고수익 제품, 차세대 제품, 혹은 유행 제품 등으로 분류하라. 분류된 각 제품집단은 자체의 위험과 가능성을 안고 있다. 경쟁업체들은 당신의 유행 제품의 모사품을

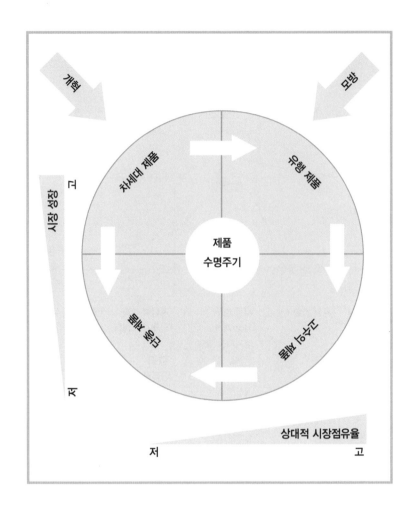

만들 수도 있다. 반면 단종 제품은 비용의 위기를 가져오므로 시장
에서 회수하는 편이 나을 것이다. 어쩌면 당신은 이러한 단종 제품
이 지닌 앞으로의 가능성과 위기를 아직까지 예측하지 못하고 있을
수도 있다. 그렇다면 SWOT 분석이 당신에게 도움을 줄 것이다.

SWOT 분석

강점이 가능성과 만나는 곳에서 기회를 인지할 수 있다.
약점이 위험과 만나는 곳에서는 돌발적인 행위가 필요하다.
– 라이몬트 가터 (스위스의 혁신경영인)

SWOT 분석은 당신의 기업이 시장과 경쟁에서 현재 어떤 위치를 차지하고 있는지를 보여준다. SWOT 분석을 위해 연금술사로서 당신은 기업의 회생에 동참하는 팀과 함께 현재 및 미래의 기업 상황에서 나타나는 모든 강점(Strengths), 약점(Weaknesses), 기회(Opportunities), 위험(Threats)을 분석해야 한다. 여기에는 앞에 언급된 여러 분석에서 얻은 결과도 포함된다.

특히 당신은 모든 제품과 서비스를 주요 경쟁업체들과 비교하

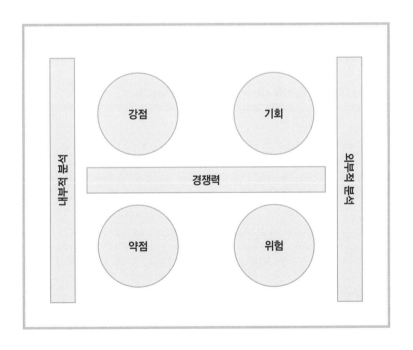

여 분석한다. 또한 개별 부서들로부터 정보를 유입시키기 위해 부서 담당자들에게 이 정보를 작성하도록 지시한다. 마지막으로 문제의 핵심에 도달하기 위해 모든 과정과 임무, 구조에서부터 개별 업무 장소에 이르기까지 조명해 보아야 한다. 당신의 창의성에는 한계가 존재하지 않는다. 하지만 실제로 중요한 비중을 차지하는 분야만을 검토하도록 하라.

SWOT 분석의 장점은 무엇보다도 간단한 방법으로 업무실적, 부서, 집단, 마케팅 등의 기업의 구조를 판단하고 객관적으로 분석하기 위해 거의 무제한적으로 적용할 수 있다는 데 있다. 당신이 SWOT 분석으로 기업을 분석한다면 타 경쟁기업과 비교해 자신의 기업이 어떤 위치에 있는지를 명확히 인식할 수 있다.

외부적 전략 분석

친척이 아닌, 외부인만이 나병을 인식할 수 있다. – 바빌론 탈무드

지금까지 기술된 모든 분석법은 기업 내부적으로 시행된다. 기업 내부의 분석은 항상 기업의 타성에 젖을 위험을 내포하고 있다. 그러므로 당신은 기업의 전략 분석에 외부적 원천까지 포섭해야 한다. 중소기업에서는 바로 이러한 정보들이 결핍되어 있다.

그러므로 연금술사로서 당신은 기업회생팀과 함께 다음 분야에 걸친 합목적적이며 유용한 데이터들을 마련해야 한다.

★ 시장점유율

★ 강력한 경쟁업체

★ 생산성 비교

★ 기술력 비교

★ 고객 프로필

★ 가격정책

★ 판매 구조

당신은 이러한 정보들을 시장 조사 기관, 전문지, 산업 및 상업 회의소, 경영 분석가에게 얻을 수 있으며, 무엇보다도 고객과의 면담을 통해, 그리고 경쟁업체의 작업방식을 연구함으로써 확보할 수 있다.

이렇게 얻은 외부 분석 결과를 앞서 수행한 기업 분석에서 얻은 모든 요인과 인식들과 통합시킨다. 이렇게 함으로써 위기의 원인과 위기 증상을 검토할 수 있으며 기업의 전략 상태와 재정 상태, 수익 상황, 경영 능력의 현황을 가늠할 수 있게 한다.

이러한 정보를 토대로 당신은 기업의 전체 시스템이 지니고 있는 갖가지 취약점을 평가한다. 이를 통해 기업이 "지속될지 아닐지"의 여부가 결정된다. 연금술사로서 당신과 당신의 팀이 기업을 회생시키고자 결정한다면 이제 당신은 확실한 위기극복 시스템을 구축해야 한다.

위기극복 시스템과 지표 시스템

가능성은 내가 시선을 두는 모든 곳에서 문제점으로부터 생겨난다.
– 존 데이비슨 록펠러 (미국의 기업가)

이제 당신은 분석결과에서 얻은 정보들을 토대로 기업회생의 지표 시스템을 작성하라. 이 지표는 기업의 많은 사항에 대한 정보를 제공한다. 그렇다고 해서 이 지표들이 기업에 대한 감각을 대체하지는 못한다. 기업에 대한 감각, 그리고 그 안에서 일하는 인간에 대한 감각이 결합되는 경우에만 이 지표들은 당신의 조치가 지속될 수 있도록 정보를 제공한다.

자주 사용되는 지표로는 EBIT(Earnings Before Interest and Taxes)와 이자, 세금, 감가상각비 이전의 이익인 EBITDA(Earnings Before Interest and Taxes, Depreciation and Amortization)가 있다. 이 지표에는 기업의 수익성이 반영되어 있으며, 시간 및 기업 비교를 가능하게 한다. 그러나 이 지표 시스템에도 역시 문제가 존재한다.

두 지표는 모두 이자와 세금 비용을 산정하고 있지 않다. 그러므로 기업의 특수한 경제구조(자기자본과 외부자본의 높은 비율)로 인해 수익이 왜곡되지 않으려면 이자비용이 고려되어야 한다. 만약 당신이 회계 전반에 걸친 포괄적인 비교를 하고자 한다면 세금비용을 공제시키라. EBITDA가 감가상각비를 포함시키지 않는 점은 감가상각비 측정에서 제한적으로 존재하는 활동범위를 고려한다. 게다가 감가상각비는 그것이 생성되는 시점에서 유동자산에 영향을 주지 않는다.

EBIT과 EBITDA 지표는 이자와 세금, 감가상각비를 기업 활동에 소모되는 전형적인 지출비용으로 표현하고 있다는 문제를 안고 있다. 이 비용은 기업의 성공에 객관적으로 영향을 미친다. 당신이 이러한 내역을 산정하지 않는다면 기업의 실제 이윤은 높아지지 않는다. 당신이 이 내역을 산정하지 않았다면 기업의 손실이 은폐되고 있는지도 모른다. 그러므로 EBIT와 EBITDA를 기업의 수익성에 대한 설득력 있는 지표로 허용하지 말라.

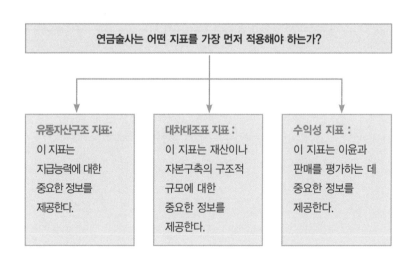

연금술사는 어떤 지표를 가장 먼저 적용해야 하는가?

유동자산구조 지표:
이 지표는 지급능력에 대한 중요한 정보를 제공한다.

대차대조표 지표:
이 지표는 재산이나 자본구축의 구조적 규모에 대한 중요한 정보를 제공한다.

수익성 지표:
이 지표는 이윤과 판매를 평가하는 데 중요한 정보를 제공한다.

자금조달 지표와 유동자산 지표

반면 기업의 유동자산과 대차대조표, 수익성의 발전단계를 제시하는 다음의 지표는 기업회생이 성공을 거둘 수 있는지의 여부를 검토하는 데 매우 적합하다. 모든 지표들을 한데 모아 그 내용을 두 장의 A4 용지에 기입하라. 그 다음 모든 관련사항들을 인식하기 위해 이 지표를 활용하라.

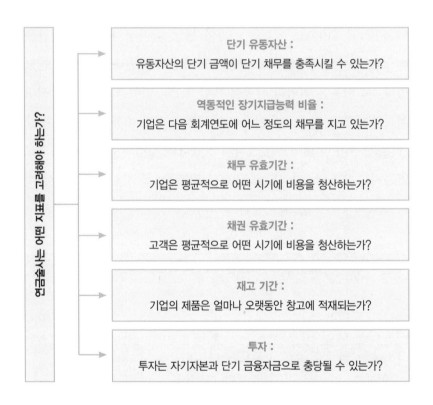

단기 유동자산 :
유동자산의 단기 금액이 단기 채무를 충족시킬 수 있는가?

역동적인 장기지급능력 비율 :
기업은 다음 회계연도에 어느 정도의 채무를 지고 있는가?

채무 유효기간 :
기업은 평균적으로 어떤 시기에 비용을 청산하는가?

채권 유효기간 :
고객은 평균적으로 어떤 시기에 비용을 청산하는가?

재고 기간 :
기업의 제품은 얼마나 오랫동안 창고에 적재되는가?

투자 :
투자는 자기자본과 단기 금융자금으로 충당될 수 있는가?

연금술사는 어떤 지표를 고려해야 하는가?

단기 유동자산

당신의 성공 가능성은 당신의 유동자산과 함께 성장한다! - 미상

어떤 사람도 집달관이 찾아오는 것을 좋아하지 않는다. 물론 기업도 마찬가지이다. 그러므로 항상 단기적으로 지급능력 상태를 유지하는 것은 매우 중요하다. 다음의 지표는 당신에게 이에 대한 안목을 제공할 것이다.

$$단기\ 유동자산 = \frac{유동자산 + 유가증권 + 기타\ 단기\ 유동자산}{단기\ 외부자본}$$

당신은 기업의 유동자산으로 어느 범위의 단기 채무를 충당할 수 있는가? 부채의 증가로 기업의 지급능력이 점점 위험해지는 상황이라면 당신은 이러한 상황을 신속히 인식해야 한다. 또한 큰 동요가 인식되거나 단기적인 지급능력 상태를 유지하기가 힘든 상황이라면 연금술사로서 당신은 즉각 이에 대한 대처방안을 마련해야 한다.

현금흐름과 역동적인 장기지급능력 비율

오직 짧은 한 길만이 인내에서 잘못으로 이끈다. - 에리히 림파흐 (독일의 시인)

$$\text{역동적인 장기지급능력 비율} = \frac{\text{외부자본}}{\text{현금흐름}}$$

현금흐름(Cashflow)은 자주 거론되는 경영학 지표이다. 당신의 기업이 거둔 자체 수익과 당신이 자기금융과 채무면제로 사용할 수 있는 금액을 산정하라.

당신이 기업의 현금흐름을 오직 채무를 갚는 데에만 사용한다고 가정해 보라. 그렇다면 당신은 당신의 기업이 채무에서 완전히 벗어나기까지 몇 년이 소요될지 인식할 수 있다. 이 지표가 바로 "역동적인 장기지급능력 비율"이다. 이 지표는 순수한 이론적 수치를 나타낸다. 그 이유는 이 수치가 당신이 이후 몇 년 동안 고정 액수의 현금흐름을 확보하고, 이 금액을 다른 용도로 사용하지 않으며, 또한 새로운 채무관계를 형성하지 않는다는 점을 전제로 하기 때문이다.

부채액이 점점 증가하는 상황을 당신은 이 지표를 통해 쉽게 인식할 수 있다. 이러한 상황에 처한다면 연금술사로서 당신은 신속한 행동을 취해야 한다. 그러므로 역동적인 장기지급능력 비율 지표를 지속적으로 관찰하라.

채무 유효기간

오늘날의 지급행태를 보면 일부 채권자들은 매우 급속히 채무자가 된다.
– 에르하르트 블랑크 (독일의 작가)

$$\text{채무 유효기간} = \text{고객의 지급기한(일)} = \frac{\text{외상매출대금}}{\text{순매출액}} \times 360 = \underline{\quad} \text{일}$$

많은 상점에서는 꾸준히 현금이 거래되고 있다. 예를 들면 제과점에서 빵을 살 때, 생필품 가게나 백화점에서 물건을 구입하는 경우에도 그러하다. 그러나 일부 기업에서는 오직 한 측에서만 활동을 한다. 이를테면 공급자는 자신의 물건을 제공하지만, 고객은 대금을 전혀 지불하지 않거나 나중에야 지불하는 경우가 있다. 여기서 위기의 원인이 쉽게 발생한다.

그러므로 다른 사람들이 당신에게 진 빚을 신속히 갚도록 하고, 당신 역시 당신의 채무를 신속히 이행하라. 그리고 채무 유효기간을 관찰함으로써 당신의 고객에게 지급에 대한 환기를 불러일으키라. 채무 유효기간의 지표는 당신의 고객에게 대금을 지불하기 위한 시간적 여유를 얼마나 줄 수 있는지를 나타낸다. 매해, 혹은 4분기로 분류하거나 매달 평균 금액을 작성하라.

채권 유효기간

채권자는 채무자보다 기억력이 좋다. – 벤저민 프랭클린

$$채권\ 유효기간=공급업체의\ 지급기한(일)=\frac{물건과\ 어음채무}{재료비}\times360=\_\_일$$

회계의 기본법칙은 다음과 같다. "채권자는 채무자가 믿을 필요가 없는 것을 믿어야 한다." 이 법칙으로부터 당신의 부채를 불필요하게 일찍 갚을 필요가 없다는 점을 배우도록 하라.

채권 유효기간은 당신의 기업이 공급업체에게 평균적으로 얼마의 지급기한을 요구할지를 알려준다. 채권 유효기간을 산정할 때 매달, 매 사분기, 매해의 평균 수치 또한 산정하라.

연금술사로서 당신은 당신의 기업이 대금을 불필요하게 일찍 상환할 필요가 있는지의 여부를 검토해 보라. 대금을 일찍 갚게 되면 유동자산이 줄어들고 이자손실을 감당해야 한다. 이로써 당신은 수익의 기회를 놓치게 된다.

재고기간

자세히 들여다보면 비축하고 모으는 것은 시간과 매우 관계가 깊다는 사실을 알 수 있다.
이 많은 물건들은 끊임없이 정리해야 할 필요가 있기 때문이다.
- 일제 플라트너 (시간관리사)

$$재고기간 = \frac{재고품}{재료\ 지출비용} \times 360 = \underline{\quad} 일$$

위기에 처했을 때 가득한 재고품은 보통 큰 가치가 있다. 그러나 기업에서는 가득한 재고품은 대부분 의미를 갖고 있지 않다. 왜냐하면 이 재고품들은 판매되지 않은 상품을 의미하기 때문이다. 긴 재고기간은 이 상품이 필요 이상의 비용을 야기하며 매상을 가져오지 않는다는 것을 의미한다.

그러므로 연금술사로서 당신은 재고기간을 항상 유념하라. 당신은 기업의 재고품을 얼마나 오랫동안 적재해 놓을 것인가? 매해, 매 사분기, 매달에 걸쳐 반복적으로 재고 수치를 조사하라.

재고 수치가 높으면 유통 상태에 있는 당신의 자금의 부분이 너무 커지며, 따라서 높은 비용과 적은 수익을 초래하게 된다. 그러나 이 자금은 어쨌든 당신의 기업 소유이다.

투자

연금술사로서 당신은 기업의 재정적 지반이 견고한지를 투자로부터 인식할 수 있다.

당신은 당신의 고정자산을 외부로부터 지원받았을 수도 있다. 이것은 위기상황에서 커다란 위험요인으로 나타날 수 있다. 그러므로 연금술사로서 당신은 투자 상황을 검토하라.

$$\text{투자} = \frac{\text{자기자본 + 장기 외부자본}}{\text{고정자산 + 중간 대차대조표}} \times 100$$

이 지표는 당신의 고정자산 중 자기자본에 기인하는 지분과 외부자본을 통해 지원되는 지분이 어느 정도인지를 당신에게 알려준다. 황금 대차대조표의 규칙은 다음과 같다. 즉 고정자산은 장기적으로 기업에 그대로 두는 것이다. 바꿔 말하면 고정자산을 장기적으로 자기자본이나 장기 외부자본을 통해 충당한다.

연금술사로서 당신은 당신의 기업의 재정적 지반이 견고한지를 투자로부터 인식할 수 있다. 자기자본으로 이루어진 투자액이 불과 50퍼센트 정도에 그친다면 당신의 채권자는 위급한 경우 당신의 기업의 심장, 즉 기업의 투자를 저당 잡을 수 있다. 그렇게 되면 당신의 기업은 위기에 처하게 된다.

대차대조표 지표

대차대조표는 경영인의 1년의 결과이다. – 헬마 나르(독일의 수학자이자 기업가)

지금까지 언급된 경영학 지표 중에서 당신의 기업의 지급능력과 재정구조가 중요하게 부각되었다. 반면 다음에 언급되는 대차대조표의 지표들은 무엇보다도 당신의 기업의 구조적 측면을 평가한다. 그러므로 이 지표에서 기본적인 기업구조에 대한 보다 많은 정보를 얻을 수 있다.

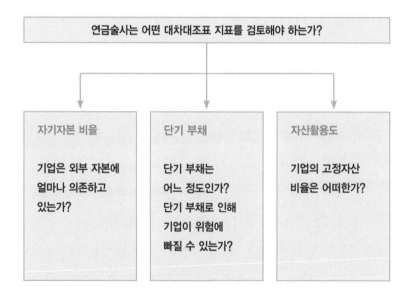

자기자본 비율

자기자본은 가능한 한 높은 수익성을 가져와야 한다. – 황금 재무법칙

$$자기자본 비율 = \frac{경제적 자기자본}{총자산} \times 100$$

다음의 상황을 한 번 상상해 보라. 당신은 집을 짓는다. 그리고 집을 짓는 데 필요한 모든 재료는 다른 사람들의 소유이며, 그 사람들은 언제든지 재료를 회수할 수 있다. 만약 기업에 자기자본의 토대가 없다면 이와 같은 상황이 연출될 것이다. 위기의 기업은 보통 자기자본의 토대가 결여되어 있으며, 이것은 기업의 존재를 더욱 위기에 빠뜨린다.

자기자본은 다음과 같은 기능을 갖는다.

1. 기업의 입지를 확실히 해준다: 높은 자기자본 비율은 경제적 상황이 좋지 않은 기간 동안 위기를 완화시키는 기능을 한다.
2. 신용도: 높은 자기자본 비율은 당신의 기업이 과거에 성공적으로 운영되어 왔음을 자본시장에 알린다. 이로써 당신의 기업이 외부자본으로 접근하기가 보다 수월해진다. 당신이 자기자본을 충분히 비축해 두고 있는 경우에 한해 신용기관은 추가 외부자본을 당신에게 제공해 준다.
3. 위험부담에 대한 안전조치: 신상품을 개발하고 새로운 시장을 개척

하려는 사람은 높은 손실의 위험부담을 안아야 한다. 그렇기 때문에 당신에게는 충분한 자기자본이 필요하다.

자기자본 비율은 총자산에서 자기자본이 차지하는 비율을 나타낸다. 그러므로 자기자본 비율은 기업의 재무 의존도를 조명해 주며, 기업의 재무적 안정성을 평가하기 위해 매우 중요한 요소이다.

독일 기업의 평균 자기자본 비율은 약 20퍼센트에 달한다. 그렇다고 해서 그 나머지를 전부 외부자본에 의지한다는 의미는 아니다. 대차대조표의 상세내역을 살펴보면 채무의 기한이 끝날 때까지의 기간 동안 기업은 예비비를 사용해 자금을 조달한다. 평균적으로 독일 기업의 총자산의 21퍼센트는 예비비가 차지한다.

연금술사로서 당신은 다음의 사항을 유념한다. 당신의 기업의 자기자본 비율이 미약하다면 새로운 자본을 마련하기 위한 조치를 취해야 한다. 예를 들어 당신은 비자금을 획득하거나 자본 증대 작업에 착수할 수도 있다.

자산활용도

자신의 신용 전문가를 사살하는 사람은 자산을 많이 가지고 있지 못할 것이다.
– 볼프강 로이스 (독일의 작가)

$$자산활용도 = \frac{고정자산}{총자산} \times 100$$

당신의 기업의 자기자본 중 자산이 어느 정도를 차지하는지를 검토하라. 이를 통해 당신은 자산활용도와 판매, 고정자산의 관계에 대한 정보를 얻는다.

생산업체는 상업 기업체에 비해 보통 자산활용도가 높다. 또한 높은 자산활용도는 일반적으로 당신의 기업의 자동화 상태가 뛰어나다는 사실을 보여주기도 한다. 반면 자산활용도가 낮은 원인은 고액의 유동자산 때문일 수 있다. 이를테면 제품의 종류가 너무 다양하거나 공정시간이 너무 오래 걸린다면 판매가 정체될 수 있다. 그렇게 되면 재고품이 늘어나고, 따라서 유동자산에 묶여 있는 자본이 증가하게 된다.

연금술사로서 당신은 강점·약점, 위기·가능성의 시나리오를 작성하라. 그리고 당신의 기업을 위해 최적의 자산활용도가 어디에 존재하는지를 발견하라. 생산의 일부를 하청기업으로 옮기는(아웃소싱) 것이 나을 수도 있으며, 지금까지 당신이 직접 생산해 온 특정 상품을 앞으로는 매입하자는 결론에 도달할 수도 있다.

단기부채

당신이 진 빚을 시간 탓으로 돌리지 마라. – 속담

$$단기부채 = \frac{단기\ 외부자본}{총자산} \times 100$$

연금술사로서 당신은 당신의 기업의 단기부채를 관찰하라. 당신은 장기적 문제를 단기부채를 통해 해결하려고 하는가? 그렇다면 당신은 은행과의 갈등상황에 처할 것이며, 그때부터 어떠한 신용 대부도 얻지 못하게 된다.

또한 자기자본 비율과 단기부채의 차액인 중장기부채의 비율도 계산하라. 변화로부터 시선을 떼지 말라. 그리고 부채의 원인이 무엇인지, 그것이 기업에서 어떤 의미를 가지는지를 평가하라. 부채가 차지하는 자본이 기업의 수익성을 올리는지의 여부에 따라 부채는 긍정적으로 작용할 수도 있고, 부정적으로 작용할 수도 있다.

수익성 지표

성공은 자신의 뜻을 따를 때 이루어진다. 우리의 능력이 존재하는 곳에 우리의 과제도 존재한다.
– 플로리안 펠릭스 봐이 (독일의 작가)

한 기업의 성공은 어디에 존재하는가? 기업의 수익에, 기업의 판매에, 기업의 존속가능성에, 아니면 직원들의 만족감에 존재하는가? 기업의 성공은 바로 이 모든 것의 혼합 속에 존재한다. 그러나 위기에 처한 기업에서 무엇보다도 중요한 과제는 기업을 완전히 회생시키기 이전에 기업의 존속 기반을 확실히 굳히는 것이다.

그러므로 연금술사로서 위기에 처한 기업의 수익성 지표를 정확히 관찰하라. 단기적 시각으로는 기업의 존속가능성을 검토하며, 중장기적 시각으로는 기업의 수익과 판매를 최적화시키라. 수익성 지

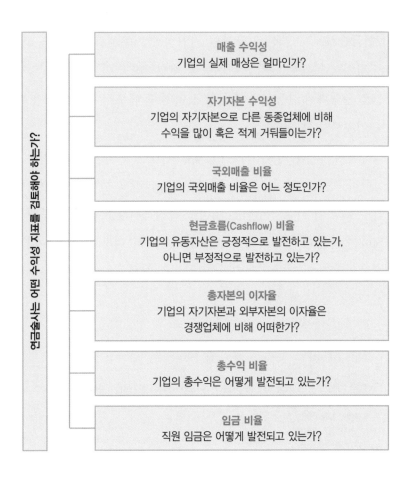

표는 이에 대한 중요한 정보들을 당신에게 제공한다. 단순한 숫자
놀음에만 그치지 말고 더 나아가 기업의 분위기와 직원의 만족감을
함께 고려하라.

당신은 다양한 절차를 거쳐 수익성 지표를 조사하게 된다. 이때
기본적인 과제는 총산출액을 검토하는 것이다.

순매출액 + 재고증가량 − 재고감소량 + 기업의 현재 자산 = 총산출액

순수한 무역기업의 경우 총산출액은 순매출액과 일치한다.

또한 당신은 기업의 영업수익 수치에 대해서도 알아야 한다. 이 수치는 당신의 기업의 실질 경제적 성공도를 숫자로 나타낸다.

연간 이윤 + 영업외 비용 − 영업외 수익 = 영업수익

매출 수익성

수익성의 정언명령은 칸트의 범주적 정언명령으로 대체되었다.
– 드니 드 루즈몽 (스위스의 작가)

$$매출\ 수익성 = \frac{영업수익}{총산출액} \times 100$$

임마누엘 칸트(Immanuel Kant)는 범주적 정언명령을 만들었다. "네 의지의 준칙이 언제나 보편타당한 입법의 원리가 되도록 행위하라." 이 원칙은 수익성에도 적용될 수 있다. 즉 당신은 보편타당하게 중요한 기업이 수익과 판매를 올리도록 해야 한다.

연금술사로서 당신은 최적의 수익성에 도달할 수 있는 수단을 강구하라. 이를 위해서는 일단 당신의 기업의 위치를 규명하는 것이 우선이다. 그리고 판매수익률을 토대로 기업의 수익능력을 판단하라. 이 수치를 통해 지난 몇 해 동안의 기업적 성공을 간단하게 비교해 볼 수 있다. 영업수익(이윤)과 영업규모(판매)를 반비례 관계로 놓

이게 한 후, 그 변동 상태로부터 수익성이 개선될지, 혹은 악화될지를 추론해 볼 수 있다. 이로부터 당신은 당신의 기업이 동종 업계 사이에서 어떤 위치를 차지하는지를 알 수 있다.

자기자본 수익성

선행에만 보답이 따르는 것이 아니라 보답 역시 선행을 베푼다. - 미상

$$\text{자기자본 수익성} = \frac{\text{연간 이윤}}{\text{자기자본}} \times 100$$

의학의 목표는 인간이 자신의 에너지로 건강하게 살고, 온전히 제 기능을 발휘하도록 하는 것이다. 이와 마찬가지로 연금술사로서 당신은 자기자본에 영향을 발휘한다. 말하자면 당신은 자기자본에 막대한 수익을 가져오게 하여 수익성을 높인다. 자기자본은 당신의 기업에 훌륭한 의술과 같은 기능을 한다.

자기자본 수익성은 한 기간의 자기자본에 대한 연간 이윤의 비율을 나타낸다. 이자율의 정도는 시중 이자율 이상이어야 한다.

총자본의 이자율

좋지 않은 자금 상황은 죽을죄라는 사실을 알고 있습니까?
– 베르너 밋취 (독일의 잠언작가)

기업의 수익성을 실질적으로 알아보기 위해서는 외부자본에 대해 지불하는 이자를 함께 고려해야 한다. 이를 통해 당신은 총자본의 이자율을 산출하게 된다.

$$총자본의\ 이자율 = \frac{영업수익 + 이자지출}{총자산} \times 100$$

이 지표를 통해 외부자본에 대한 이자까지 포함된 영업수익과 당신의 기업에 묶여 있는 총자본(자기자본과 외부자본)을 비교할 수 있다. 이 계산은 기업의 다양한 자금을 자기자본과 외부자본으로 상쇄시킨다. 그러므로 당신은 총자본의 이자율을 산정함으로써 업계의 다른 기업들과 비교하여 당신의 기업의 수익성이 어떤 위치인지를 잘 판단할 수 있다. 그러나 이 계산은 당신의 기업 활동이 자본시장에 통용되는 것보다 이자율이 높은 경우에만 의미가 있다.

총자본의 이자율이 불충분하다면 연금술사로서 당신은 이자율이 저렴한 외부자본을 마련하거나, 자기자본을 보다 수익성 있게 만들도록 노력해야 한다.

현금흐름 비율

100마르크가 들어 있는 금고에서 300마르크를 꺼내려면 200마르크를 금고 안으로
넣어야 한다.
이렇게 되면 그 안에는 아무것도 남는 것이 없다. – 만프레트 롬멜 교수 (독일의 법학자이자 정치가)

$$현금흐름\ 비율 = \frac{현금흐름}{총산출액} \times 100$$

모든 금고의 최고 신조는 다음과 같다. 즉 금고는 계산이 딱 맞아떨어져야 한다는 것이다. 그러므로 당신은 기업의 금고에 항상 돈을 가지고 있어야 한다. 경영학적으로 표현하자면, 긍정적인 현금흐름을 보유해야 한다는 것이다. 당신이 유동자산을 충분하게 가지고 있지 않게 되면 그 대신 비싼 외부자본을 마련해야 하기 때문이다.

현금흐름이 규칙적으로 증가한다면 현금흐름 비율은 긍정적이다. 이 지표는 한편으로는 기업의 영업수익, 다른 한편으로는 기업의 감가상각비와 장기 예비비가 시간이 흐르면서 바람직하지 못한 방향으로 발전하는 경우 기업의 수익능력을 판단하거나, 이러한 부정적 흐름을 발견할 수 있도록 한다.

총수익 비율

한 기업의 금고가 맞아떨어지지 않으면 기업수치가 변화되거나 기업의 면모가
변화되어야 한다.
- 프리드리히 칼 플릭 (독일의 기업가)

$$총수익\ 비율 = \frac{총산출액 - 재료비}{총산출액} \times 100$$

총수익은 판매와 매출원가 간의 차액을 지칭한다. 이윤과는 달리 총수익은 기업이 이윤을 위해 지출한 비용은 고려하지 않는다.

총수익을 매출과 관련시켜 보면 총수익 비율을 얻을 수 있다. 이 지표는 당신의 기업의 가치창출 정도를 퍼센트로 나타낸다. 또한 행정관리를 위해 소모되는 기업 내부의 비용은 포함되어 있지 않으며, 오직 재료비만이 포함된다.

총수익 비율과 매출 사이의 차액은 재료비 비율을 나타낸다. 예를 들어 기업의 총수익 비율이 약 45퍼센트라면 재료비 비율은 약 55퍼센트이다. 따라서 당신의 기업은 매상의 55퍼센트를 재료비의 형태로 지출하여 45퍼센트의 총수익을 거둬들이는 것이다.

임금 비율

직원들에게의 투자는 오늘날 기업에서 소모하는 가장 큰 비용이다.
바로 여기서 최고의 것이 만들어진다. – 클라우스 헤닝거 (독일의 저널리스트)

$$임금\ 비율 = \frac{임금}{총산출액} \times 100$$

연금술사로서 당신은 기업의 지출비용에서 중점이 되는 비용이 무엇인지를 관찰하라. 이를 통해 당신의 기업이 가져올 미래의 수익성을 보다 수월하게 진단할 수 있다. 당신은 모든 경비내역을 대상으로 경비의 비율을 산출할 수 있다. 이때 무엇보다도 중요한 것은 기업의 비용에서 중점이 되는 부분이 무엇인지를 고려하는 것이다. 특히 임금 비율이 중요한 위치를 차지한다.

슈투트가르트(Stuttgart) 시의 시장을 지낸 만프레트 롬멜 교수는 점점 많은 직원들을 해고하는 수많은 경영인의 노력을 향해 다음과 같이 말했다. "적은 직원들로 더 나은 성과를 가져오려는 시도는 축소이다. 그러나 너무 지나치게 도를 넘지는 말아야 한다. 골격만을 남기는 것이 가장 효과적인 축소는 아니다." 당신이 너무 많은 직원을 해고한다면 기업의 질이 떨어지고, 당신의 고객은 순식간에 고통을 겪을 것이다. 직원들은 갑자기 여러 명의 동료들이 담당하던 업무를 떠맡아야 하며, 따라서 실수는 점점 늘어난다. 연금술사로서 당신은 바로 이러한 위기상황에서 임금 비용을 지속적으로 관찰해야 한다.

또한 임금 비용을 고정비용과 가변비용으로 구분하라. 가변비용은 경제적 위기에 융통성 있게 변화될 수 있다. 고정비용의 액수를 높게 책정한다면 위기상황에서 당신에게 짐이 된다.

기업의 상황에 따라 연금술사로서 당신은 그 밖의 다양한 지표들을 분석해야 한다. 모든 지표를 검토할 때 항상 본질적인 것으로부터 시선을 잃지 말라. 그리고 당신의 건전한 인간의 오성에 귀를 기울이라. 가끔은 직원들에게 "무엇이 문제인가?"라고 묻는 것이 모든 지표를 통해 알 수 있는 것보다 더 많은 내용을 알려주기도 한다.

모든 분석대상을 관찰하고 다양한 분석방법을 적용한 후 기업의 취약점을 담고 있는 보고서를 작성하라. 이로부터 당신은 기업을 회생시킬 수 있는지의 여부에 대한 해답을 얻게 된다. 기업을 회생시키지 않는다면 여기서 모든 것이 끝나는 것이며, 기업을 회생시킨다면 당신은 기업회생 과정을 시작해야 한다.

"기업회생에서 중요한 사안은 위기에 빠진 기업이 안고 있는 경제적 취약점을 어떻게 극복할 수 있으며, 풍부한 수익성의 토대를 어떻게 마련할 수 있는가이다. 기업의 성공토대를 다시 회생시키는 기업정책, 경영기술, 전략, 조직, 재무 및 경제 분야의 모든 조치들은 기업회생이라는 목표에 초점을 맞춘다."

기업회생을 위한 긴급조치

새로운 시작을 하고자 하는 사람은 지체 없이 곧바로 이를 실행에 옮겨야 한다.
한 가지 어려움이 극복되면 수백 개의 어려움을 예방할 수 있기 때문이다. - 공자

연금술사로서 당신은 당신의 팀과 함께 기업을 위기에서 구할 긴급조치를 포착하라. 긴급조치는 큰 효력을 갖기 마련이다. 이를 테면 소방관이 불이 난 집에서 부상자들을 끌고 나오거나 의사가 심장마비 환자를 돕거나, 생선 중독에 걸린 경우 우리 몸은 자발적으로 구토 증세를 일으킨다.

당신은 앞에서 작성한 검토 보고서의 도움으로 조치를 마련할 수 있다. 말하자면 기업을 치유하고 기업의 존속을 안전하게 하는 긴급조치를 실행하여 목표에 달성하는 것이다. 당신은 당신의 기업이 안고 있는 취약점을 발견했을 것이다. 그렇다면 이로부터 당신의 기업이 단기간에 도달할 수 있는 첫 번째 목표를 설정하라. 예를 들면 다음과 같은 목표를 설정할 수 있을 것이다.

★ 유동자산 확보 및 증대

★ 초과 채무 제거

★ 비용 절감

★ 채무 연장

★ 채권 확보 및 수금

★ 조직적 취약점 제거

★ 새로운 고객 및 신상품 개발

★ 기업 분위기 개선

★ 직원들의 만족감

　이러한 목표를 설정함으로써 당신은 당신의 기업에 적용할 수 있는 긴급조치를 이끌어낼 수 있다. 복잡한 과정을 간소화시키고, 은밀하게 빠져나가는 손실을 드러내라. 그리고 가능한 한 기업의 현재 상태를 현실적으로 기록하라. 이러한 시점에서 연금술사로서 당신은 가능한 한 신속히, 그리고 폭넓게 유동자산을 개선시키도록 하라. 또한 비용을 줄이고 매출을 올리라. 이를 통해 당신은 당신의 기업을 새롭게 재편성할 수 있는 충분한 활동영역을 확보하게 된다.

　그러나 당분간은 기업의 구조와 업무 수행방향에는 손대지 말라. 당신의 기업이 90일 이상 버틸 수 있는 충분한 자본을 가지고 있다면 일단 최우선 목표는 기업의 형태를 유지하고 기업에 다시 탄탄한 지반을 마련하는 것이다. 이를 위해 당신은 가장 먼저 부채를 갚기 위해, 또 나중에 당신의 새로운 기업 기획안을 실행시키기 위해 재정 자금을 마련해야 한다. 지금부터 그러한 기업 기획안을 작성하기 시작하라. 그래야 기업회생 과정이 순조롭게 진행될 수 있다.

직접적 영향을 미치는 긴급조치
　연금술사로서 당신은 고객과 은행, 공급업체를 비롯한 다른 사람들의 행동과 도움에 의존하지 않는 범위에서 기업의 유동자산을 가장 신속하게 증대시킬 수 있다.

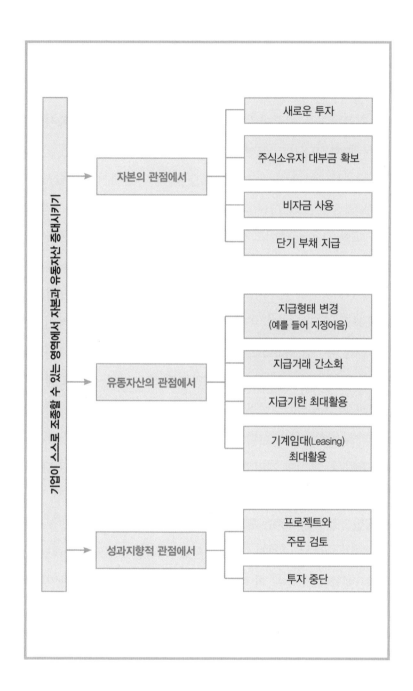

기업이 스스로 조종할 수 있는 영역에서 자본과 유동자산 증대시키기

자본의 관점에서
- 새로운 투자
- 주식소유자 대부금 확보
- 비자금 사용
- 단기 부채 지급

유동자산의 관점에서
- 지급형태 변경
  (예를 들어 지정어음)
- 지급거래 간소화
- 지급기한 최대활용
- 기계임대(Leasing)
  최대활용

성과지향적 관점에서
- 프로젝트와
  주문 검토
- 투자 중단

주식소유자를 통한 새로운 투자를 마련하라

당신의 기업에 투자 형태로 새로운 자본을 공급해 줄 주식소유자를 확보하라. 당신의 기업 지분을 소유한 사람들과 조기에 접촉을 시도하라. 그들은 당신의 기업이 계속 존속할지의 여부에 대해 매우 관심을 가진 사람들이다. 추가된 자기자본으로 보증 기금을 증대시킬 수 있도록 그들을 움직이라. 이러한 가능성은 비즈니스 파트너십뿐만 아니라 투자 업체에도 존재한다. 심지어 기업의 조합계약서에 주식소유자들의 추가 투자 의무에 대한 내용이 담겨 있을지도 모르며, 그들이 자발적으로 보조금을 지원할 수도 있다.

이와 함께 새로운 주식소유자를 찾아보는 것도 고려하라. 이 과정에서 당신은 보다 많은 설득작업을 해야 할 것이다. 새로운 투자를 위한 추가 자본을 곧바로 마련하기란 불가능하다. 연금술사로서 당신은 경쟁 위치에 있는 주식소유자(주식소유 집단)와 이해갈등이 발생할 수 있다는 사실을 반드시 고려하라.

주식소유자들이 새로운 자본을 투자하게 되면 고객과 채권자, 직원들은 이로 인해 기업이 좋은 전망을 가지고 있다는 징조를 뚜렷이 인식하게 된다. 이렇게 주식소유자를 통한 추가 투자가 한 번 이루어지면 계속해서 다른 투자 가능성이 이어진다. 왜냐하면 다른 투자가들은 이러한 투자행위를 그 기업의 미래에 대한 주식소유자들의 확실한 견해라고 생각하기 때문이다.

주식소유자의 대부금을 사용하라

돈을 가지고 있지 않을 때 돈이 필요하다. 신용은 그것이 필요하지 않을 때 쌓인다. - 미상

굳은 의지와 훌륭한 기획안을 가지고 있다면 당신은 기업의 주식소유자들로부터 신속하게 대부금을 확보할 수 있다. 당신의 기업이 유한 회사로서 조직화된다면 주식소유자들의 대부금은 지급 불능 상태에서도 보증 기금으로서 효력을 갖는다. 당신은 다른 채권자들의 뒤로 물러나 있어야 하며, 따라서 파산 시 대부금을 완전히 잃는 경우가 많다. 당신이 개인용도로 발행한 수표나 어음을 반환하거나 기업의 회장이 자신의 임금을 포기하는 행위는 주식소유자 대부의 특수한 형태이다.

단기 부채를 상환하라

신용도 돈이라는 사실을 잊지 말라. - 벤저민 프랭클린

당신은 기업의 주식소유자들에게 무조건적으로 추가 투자금을 부탁할 필요는 없다. 그 대신 당신은 외부자본 영역에서 자유로운 신용대부를 최대한 활용함으로써 부채 자금을 확보할 수 있다.

이때 당신이 새로 개척한 신용대부와 같은 정도로 기업의 비용이 상승하지 않는다는 사실을 유념하라. 그렇게 되면 윈스턴 처칠(Winston Churchill)의 다음과 같은 언급은 설득력을 갖게 된다. "지속적인 파산에도 신용을 잃지 않는 은행가가 미래이다."

비자금을 사용하라

비자금을 사용함으로써 기업의 유동자산에 직접적으로 영향을 줄 수도 있다. 장거리 육상선수가 비축해 둔 에너지를 가동시키듯이, 기업의 과거 전성기에 비축해 놓은 비자금을 사용할 수 있다. 그러나 기업의 위기가 깊이 진전된 상황이라면 이미 비자금을 모두 사용했을 수도 있다.

비자금은 시장가치보다 기업의 자산을 과소 계상함으로써 발생된다. 그러므로 당신은 토지와 건물, 지분, 주식, 당신의 소유 차량을 비롯한 다른 재산을 매각하여 수익을 낼 수 있다. 그러나 재료비와 미수금의 내역에서 숨겨진 손실이 발생할 수도 있다는 점을 유의하라.

기업의 모든 지출비용이 기업에 실제로 이익을 가져올지를 검토하라. 그런 다음 중요하지 않은 정기구독과 회원권을 해지하고, 당신이 실무에서 기부할 수 있는 것이 무엇인지를 고려해 보라. 또한 접대비용을 줄이고 모든 출장과 개인용도의 차량운행을 업무가 있을 때에만 허용하라.

대체수표나 수취인 지정수표로 지급하라

다른 형태의 지급거래를 생각해 보라. 수표를 이용한 지급을 지급기한의 가장 마지막 날에 수행함으로써 당신은 유동자산을 추가로 확보할 수 있다. 그러므로 계좌의 상태를 정확히 통제하라. 부도수표는 당신의 기업에 매우 좋지 않은 인상을 심어줄 수 있다.

지급거래를 간소화하라

기업이 소유하고 있는 계좌를 축소시킴으로써 지급거래를 간소화하라. 임금·봉급 지급계좌, 고객계좌, 공급업체 계좌 정도만으로 충분하며, 다국적 기업인 경우에는 달러 계좌가 추가로 필요하다. 이렇게 함으로써 당신은 자금의 배치를 간소화할 수 있다.

지급기한을 최대한 활용하라

당신의 기업이 심각한 위기상황에 빠져 있을수록 채무를 늦게 상환하도록 한다. 이것은 당신의 유동자산을 확보할 수 있는 유일한 가능성이자 위험부담이 큰 조치이기도 하다.

리스를 활용하라

리스 모델을 비판적으로 검토하라. 대부분 리스 모델은 구매보다 비용이 더 많이 든다. 그럼에도 불구하고 당신은 위기상황에 빠졌을 때 리스를 통해 유동자산을 신속히 증대시킬 수 있다. 특히 세일 앤드 리스 백(Sale and Lease Back) 모델이 유동자산을 늘리는 데 적합한 조치이다. 즉 먼저 기계를 비롯한 기업의 자산을 매각하여 비자금을 확보하고, 그 후에 매각한 자산을 다시 임대하는 것이다.

당신은 리스 비용을 포함한 매각 수익을 유동 자산으로 사용할 수 있다. 물론 금융회사의 호감을 사기 위해서는 보증이나 세일 앤드 리스 백 모델에 설득력 있는 구상이 필요하다. 만일 소유 차량을 매각하고 새로운 차량을 리스할 경우 일시적 임대와는 달리 높은 위험부담과 의무를 감수해야 한다는 사실을 유념하라. 예컨대 관리

소홀 등에 의한 손실의 위험을 부담해야 한다. 또한 정비소에서 받는 정기 서비스 등의 비용을 부담해야 한다. 물론 정기 점검을 통해 수리비용을 줄일 수 있다.

투자를 중단하라

품질향상은 대개 비용을 치러야 한다. - 베르너 밋취

당신은 투자와 분할 지급을 취소하거나 연기함으로써 유동자산을 추가로 확보할 수도 있다. 모든 투자와 지출을 검토해 보라. 그리고 투자와 지출을 최대한 조심스럽게 수행하라. 초반기에는 차후의 전략을 알지 못하기 때문이다. 그렇지 않으면 당신은 모든 투자가 잘못된 방향으로 흘렀다는 사실을 뒤늦게 깨닫게 된다.

하지만 기업을 유지하기 위해 필수 불가결한 투자는 계속 진행되어야 한다는 사실을 유념해야 할 것이다. 그렇기 때문에 위기상황에는 투자금 회수기간을 아주 철저히 고려해야 한다. 대체로 투자금액이 매우 미미하더라도 비용에 즉각적인 영향을 미칠 수 있으며, 불과 몇 주 안에 이윤을 가져올 수도 있다.

팀 구성원들과 함께 모든 투자안을 철저히 검토하는 것이 무엇보다도 중요하다. 만약 당신이 투자를 승인하면 리스의 가능성을 고려해 보라. 그리고 가격과 공급조건, 지급기한을 세밀히 비교해 보라.

주문서를 검토하라

이성적으로 행동하려는 의지는 인기 없는 조치에 대한 두려움보다 커야 한다.
– 만프레트 롬멜 교수

자동차 정기검사를 통해 자동차가 안전 운행되는 것처럼, 당신도 모든 주문을 검토하여 기업의 엔진을 손상시키지 않고 강화시켜야 한다. 수령된 모든 주문은 임금과 재료의 형태로 자본을 묶기 때문이다. 모든 주문이 수익에 미치는 영향을 분석하기 위해 한계이익 산정법을 적용하라. 이와 동시에 주문에 따른 모든 상품의 가치를 ABC 분석법으로 검토하라.

연금술사로서 당신은 특히 대량주문이 기업의 유동자산에 어떤 영향을 미치는지를 조사하라. 바로 이러한 대량주문으로 인해 기업은 높은 재정지출 부담을 안을 수도 있다. 기회와 위기 양 측면을 모두 신중히 고려하라. 즉 어떤 조건 하에서 주문이 의미가 있는지, 무엇이 당신의 수익에 걸림돌이 되는지를 생각해 보라.

프로젝트를 검토하라

대규모 프로젝트가 실현되기까지는 10년이 걸린다.
– 카를 보슈 (독일의 화학자)

연금술사로서 당신은 모든 프로젝트가 높은 비용을 야기하는지, 혹은 고도의 위험부담을 가져올지를 체크하라. 이것은 연구 및 개발 분야의 프로젝트일 수도 있고, 많은 제조업체의 심장부인 생산 분야의 프로젝트일 수도 있다. 이 분야의 리듬이 깨진다면 기업 전체에 영향을 미치게 된다. 그럼에도 불구하고 생산 개선을 위한 너무나 많은 기회들이 활용되지 않은 채 사라지고 있다.

최적화 프로젝트는 생산의 조직화, 직원들의 능력과 책임, 상호 조정 등 다양한 곳에서 착수된다. 당신의 기업을 대상으로 다음의 질문들에 대답하고, 이로부터 다음의 조치를 취하라.

질문	답변
당신의 기업은 수리 및 유지, 품질개선을 위한 어떤 조치들을 단순화시키고, 어떤 조치들을 강구해야 하는가?	
생산 담당 직원들이 부담하는 책임은 과대한가, 과소한가?	
기업의 마케팅 및 영업부서는 너무 많은 프로그램을 요구하고 있는가? 또 이를 감당할 비용은 있는가?	
작업 과정은 얼마나 효율적인가?	
당신의 기업은 자재 손실과 불량품을 어떻게 줄일 수 있는가?	
당신의 기업은 전체 실행시간을 줄일 수 있는가?	
당신은 납품상태를 어떻게 개선시킬 수 있는가?	

장기적인 안목으로 기업의 생산을 보다 근본적으로 분석하라.

★ 당신의 기업은 과도한 생산 시설을 갖추고 있지는 않은가?

★ 당신의 기업은 더 나은 입지를 선택할 수 있는가?

★ 당신의 기업은 어떻게 공급을 최적화시킬 수 있는가?

★ 당신의 기업은 생산을 집중화하기를 원하는가, 아니면 분산하기를 원하는가?

★ 자가생산과 외부생산은 어떤 범위 안에서 이루어질 것인가?

★ 당신의 기업의 생산시설과 현 위치를 개선시키기 위한 투자정책은 무엇인가?

연금술사로서 당신은 이러한 프로젝트와 질문들에 대해서 몇 가지 척도를 마련하라. 그리고 이에 의거하여 특히 생산과 관련된 기업의 성과를 측정하라.

간접적 영향을 미치는 긴급조치

우리는 모든 것을 할 수 없다. 하지만 우리는 우리가 할 수 있는 것을 해야 한다.
– 빌 클린턴 (미국의 전 대통령)

연금술사로서 당신은 긴급조치를 실행시키는 과정에서 고객과 은행, 공급업체와 이해 당사자 등 기업 외부의 힘을 고려하라. 이들을 당신의 기업의 실제 파트너로서 영입하고 그들로부터 도움을 구하라.

가수에게는 청중이 필요하듯 기업에게는 고객과 공급업체, 투자자가 필요하다. 구매력을 지닌 고객이 있다면 재고정리와 특별 할인판매가 가능하다. 호의적인 생산자가 있다면 외부생산 제도로 전환할 수 있다. 또한 공급업체는 이미 그들의 채권을 포기하거나 채권의 지급 기한을 유예하겠다는 의사를 밝혀야 한다. 한편 은행은 당신이 단기 신용을 장기 대부금으로 전환하도록 허용해야 한다. 새로운 지분은 투자가의 기대에 상응해야 한다.

이러한 모든 조치는 하나의 공통분모를 가진다. 즉 이러한 조치를 통해 당신의 투자자는 설득력 있고 현실적인 기업회생 구상, 명료한 기업계획안에 대한 믿음을 얻는 것과 동시에 당신의 기업이 다시 수익성 있는 기업이 되리라는 확신을 얻는다.

그러므로 당신의 과거 및 새로운 투자자들에게 기업회생이 어떻게 진행되는지에 대한 정보를 정기적으로 제공하라. 그리고 언제나 열린 마음으로 의사소통하라. 그렇지 않으면 거래 은행 측에서 대출계약서의 특정 약관에 대해 당신에게 이의를 제기할 수 있으며, 잘못된 의사소통으로 재정지원을 중단하는 사태가 벌어질 수도 있다. 또한 은행 측에서 사전 통보 없이 대부금의 단기 지급을 요구하거나 심지어 당신의 예금 잔고를 담보로 설정할 수도 있다. 반면 당신은 고객들로부터 대금을 체계적으로 회수함으로써 은행으로부터 자본 투자 의사를 끌어낼 수 있다.

채권을 매출로 전환시키라

산다는 것은 행동하는 것이다. – **알베르 카뮈** (프랑스의 작가)

농지의 일부를 휴경시킨다면 근심 없이 겨울철을 날 수 있는 수확물을 잃게 된다. 노동의 결실을 거두지 않고 채권을 너무 오랫동안 사용하지 않는 기업의 상황도 이와 마찬가지이다. 당신의 기업은 모든 채권을 정확히 파악하고 있는가? 당신의 기업은 모든 거래를 정확하게 장부에 기입함으로써 회계의 상태가 정상적인가? 연금술사로서 당신은 몇 가지 간단한 조치로 기업의 회계를 정상화시킬 수 있으며, 이로써 기업의 유동자산을 보다 증대시킬 수 있다.

> ★ 경고제도를 강화시키라!
>
> ★ 지급기한을 단축시키라!
>
> ★ 청구서를 독촉하라!
>
> ★ 채권을 매각하라!

경고제도를 강화시키라

위기상황의 기업은 대부분 체납 고객을 제대로 다루지 못한다. 경고조치를 매주 시행함으로써 이러한 상황에 대응하라. 필요하다면 이러한 상황을 신속하게 극복할 수 있도록 추가적으로 프리랜서나 서비스업체에게 위임하라. 그러나 경고조치를 변호사에게 위임하는 경우에는 몇 주가 지난 후에도 절차가 전혀 개시되지 않는 경우가 빈번하다는 사실을 특히 유념하여야 한다.

연체이자와 독촉요금을 계산하라. 이로써 당신은 고객에게 상환의무를 보다 효과적으로 상기시킬 수 있다. 3차 경고를 한 후에는 무조건 법적 경고조치를 도입해야 한다. 많은 고객들이 당신을 계속 기다리게 하면서 시간을 벌려고 하기 때문이다.

지급기한을 단축시키라

중요한 고객을 상대로 지급기한을 단축시키는 일은 불가능할지도 모른다. 그러나 당신의 기업의 단골 고객이라면 정해진 기간까지 지연하여 중요한 공급업체인 당신을 곤경에 빠뜨리지는 않을 것이다. 지급기한 내에 납부한 고객들을 상대로 1퍼센트의 금액을 그들의 계좌에 되돌려 주라. 예컨대 고객이 영수증을 수령한 당일에 지불을 하는 경우 1퍼센트의 현금할인을 해주는 것이다.

청구서를 독촉하라

납품 수령서를 너무 오랫동안 두지 마라. 또한 당신의 기업의 공급가를 견적하는 시간을 너무 오랫동안 책정하지 마라. 연금술사로서 당신은 매일 혹은 매주에 걸쳐 직원들에게 판매상황을 공개하라. 그리고 당신의 기업이 달성하고자 하는 목표를 분명히 공지하라. 당신이나 직원 중 한 사람은 외부로 발송될 모든 청구서를 검토하도록 하라.

채권을 매각하라

당신은 기업의 채권을 대금징수대행 회사(Factoring company)에 매각할 수 있다. 이를 통해 기업의 유동자산이 매우 신속하게 증대될 수 있다. 물론 당신의 기업 측에서 팩토링 비용을 추가로 부담해야 한다. 팩토링 회사들 역시 위험부담을 피하고 이윤을 창출하는 것을 목적으로 한다. 가끔씩은 재정 상황이 특히 어려운 고객들과의 채권 협상이 지연되어 당신의 기업의 유동자산이 증대되지 못하는 경우도 있다.

또한 당신이 기업의 채권을 매각하는 경우 해당 고객과의 관계가 결정적으로 변화한다는 사실도 유념하라. 그러므로 장기적이며 전략적인 안목으로 팩토링 여부를 결정하라.

창고를 정리하여 자산을 재편성하라

훌륭한 다이어트는 지방을 없애는 것이다.
– 에르하르트 호르스트 벨러만 (독일의 건축가이자 잠언작가)

뚱뚱하여 거동하기가 힘든 사람은 냉장고에 더 이상 음식을 비축해 두면 안 된다. 위기상황의 기업도 이와 마찬가지이다. 당신의 기업 역시 너무 많은 재고량에 시달리며 재고를 좀처럼 처분하지 못하고 있다. 이 원인은 불투명한 구조, 생산관리 공학의 결함, 혹은 이 분야에 전문적인 직원의 부재에 기인할 것이다. 기술자나 단순 고문단에게 구매 과제를 부여한다면 오류발생은 이미 예상된다. 그러므로 능숙하고 노련한 직원을 발굴해야 한다.

기업회생 과정에서 당신은 재고조사를 조기에 시작하여 재고량을 줄여야 한다. 일반적으로 당신은 6개월 안에 재고량을 3분의 1로

줄일 수 있다. 예를 들어 재고품을 특별 할인가로 팔거나 구매행위를 시기적절할 때에 하는 것이다. 연금술사로서 당신이 조기에 목표를 설정한다면 당신의 팀은 달성하고자 하는 목표를 정확하게 알 수 있다. 이로써 당신은 기업의 성과에 매우 놀라게 될 것이다.

> 당신은 다음과 같은 목표를 설정할 수 있다.
> ★ 우리는 3개월 내에 재고량을 30퍼센트 줄인다.
> ★ 우리의 재고량은 높아봤자 월 매출의 1.5배에 달한다.
> ★ 공급가를 10퍼센트 줄인다.
> ★ 재고 활용가능성을 20퍼센트 늘린다.

당신이 설정한 목표에 도달했는지를 차후에 판단하기 위해서는 목표를 구체적으로 서술해야 한다. 또한 목표 달성을 위해 책임의식 있는 직원을 임명하여 그와 함께 작업하라. 당신이 설정한 목표가 어긋난 경우 어떤 조치를 취해야 하는지를 그 직원과 함께 상의하라.

다음 페이지의 질문들에 답하라.

질문	답변
기업의 전자정보처리 시스템은 기대치의 데이터를 산출하는가?	
당신은 각 상품에 대해 어떤 부품을 구매해야 하는지를 모두 알고 있는가?	
당신은 공급의 최적 시기를 알고 있는가?	
공급기간은 얼마나 오래 걸리는가, 어느 정도의 주문량이 가장 적당한가?	
이와 같은 데이터가 기업의 시스템 내에서 관리되고 있는가?	
당신의 공급처를 결정하는 사람은 누구인가?	
공급을 감독하는 사람은 누구이며, 주문과 가격을 결정하는 사람은 누구인가?	
당신은 현재의 주문을 어떻게 추후 협상하는가?	
기한을 감독하는 사람은 누구인가?	
주문서에는 납품 지연에 대한 계약조치 사항이 담겨 있는가?	
당신의 기업에서는 수령된 자재의 품질과 수량을 관리하는가?	
불량 자재가 납품되는 경우 어떠한 조치가 이루어지는가? 이 자재를 반품하여 돈을 돌려받는가?	
할인 및 지급조건과 함께 수령된 청구서는 누가 관리하는가? 당신은 청구서 관리를 어떻게 통제하는가?	

재고량을 줄이기 위한 구체적 방안들

불경기는 치열한 경쟁이 잠잠해지는 경제 단계이다.
– 론 크리츠펠트 (독일의 기업가)

연금술사로서 당신이 직원과 함께 재고량을 줄이고자 한다면 우선 다음의 방안들을 목표로 실행에 옮겨야 한다.

★ 재고 정리 세일—선별된 고객들과의 대화를 통해 재고상품을 정리하라.

★ 재고·부품의 활용성을 검토하고, 잉여 자재를 정리하라.

★ 총괄구매(blanket order) 계약 체결—공급업체는 제품을 상시 준비해두며, 당신은 필요 시 이 제품을 특정 발주서의 형식 없이 수시로 청구하여 구매한다.

★ 고가의 부품은 고객의 주문이 있는 경우에만 구입한다.

★ 창고운영 간소화—창고의 수를 줄이고 한 곳으로 집중시킨다면 창고관리 과정을 한눈에 알 수 있기 때문에 통제가 수월해진다. 또한 재고량이 배가되는 것을 막을 수 있으므로 비용이 절감된다. 지금까지 여러 창고에 적재해 온 자재를 한데 모으고, 이를 통해 안전재고량을 줄인다. 또한 재고관리 시스템을 변경한다면 창고 공간 역시 현저히 줄어들 것이다.

★ 당신이 구매할 부품을 대상으로 ABC 분석법을 실행하라.

★ 안전재고량을 신중히 검토하여 줄이라.

★ 사후주문을 유발하는 높은 재고지수를 감축시키라.

★ 판매상품의 가짓수 축소—지금까지 거둬들인 매출의 80퍼센트만으

로도 당신은 수익성을 더욱 증대시킬 수 있다. 그러므로 한계이익을 아주 적게 거둬들이는 제품을 판매대상에서 제거하라. 당신의 기업에서 새로 수령된 주문을 거부하거나 제품의 가격을 높이기를 주장한다면 당신은 많은 고객들이 이러한 요구에 동의한다는 사실을 확인하게 될 것이다. 판매제품의 가짓수를 정돈한다면 기업의 여러 과정을 간소화하고 유동자산을 보다 신속하게 증대시킬 수 있다.

비용을 줄이기 위한 성과지향적 방안

너무 늦게 비용을 생각하는 사람은 기업을 파산으로 몰고 간다.
또 너무 일찍 비용을 생각하는 사람은 창조성을 말살시킨다. - 필립 로젠탈

경제성과란 기업에서 서비스나 제품을 실제로 생산하는 분야를 일컫는다. 경제성과를 달성하기 위해 연금술사로서 당신은 비용을 절감해야 한다. 그러나 이때 매우 신중을 기해야 한다. 당신의 기업이 어디서 매출을 거둬들이는지에 대한 핵심문제를 다루어야 하기 때문이다. 경제성과 분야에서 이루어진 결정이 비용절감의 효과를 즉시 가져오지는 않는다. 오히려 한참 뒤에 효력이 발생하므로 이러한 사실을 유념하라. 그럼에도 불구하고 비용절감 계획을 기업회생의 초반부터 수립하라. 비용절감은 단기적 시각의 조치들로부터 파생될 수도 있기 때문이다.

아웃소싱의 범위를 결정하라

비용 산출 분야에 매우 능통한 사람들이 많다는 사실은 참 놀랍다.
그러나 안타깝게도 가치 평가는 제대로 되고 있지 않다. – 페터 슈마허 (독일의 시사평론가)

연금술사로서 당신은 기업의 일부 분야를 외주위탁(아웃소싱)할지, 모든 상품을 자체적으로 생산할지 아니면 다른 업체에게 생산하도록 할지(Make or buy)를 결정했다. 예를 들어 당신은 식기세척기를 구입하여 설거지하는 시간을 아끼고자 하는가? 아니면 식기세척기 구입비를 절약하고 차라리 시간을 투자하기를 원하는가? 기업 역시 항상 "자체 생산하느냐 아니면 외부에 맡기느냐?"는 문제에 봉착해 있다.

기업의 상황에 따라 모든 생산과 업무 분야를 계약 제조업체나 서비스업체에게 양도하는 것이 좋을 수 있다. 이를 통해 당신의 기업은 무엇보다도 유동자산과 비용절감의 측면에서 유리해진다. 아니면 외주위탁 제품이나 서비스를 자체 생산하는 것이 보다 의미가 있을 수도 있다. 특히 건물청소, 전기시설 관리, 보안업무, 구내식당 업무, 홍보 및 언론 활동, 회계 등의 업무를 아웃소싱을 통해 제공하는 것이 문제가 된다면 행정 업무와 기업회생 등의 과제는 외부에 맡길 수도 있다.

당신이 기업회생 과정에서 어쩔 수 없이 직원을 해고해야 하는 상황이라면 과거의 조직으로는 더 이상 기업을 유지시키지 못한다. 그러므로 모든 상황을 개별적으로 세밀히 검토하라.

프로세스 최적화

불이 나서 인간의 생명이 위태롭다면 소방관은 어디서부터 작업을 진행해야 하는지 그 과정을 정확히 알아야 한다. 기업의 위기 역시 프로세스가 제대로 자리 잡지 못하는 데서 기인할 수 있을 것이다. 제 기능을 발휘하지 못하는 프로세스로 인해 불필요한 막대한 비용이 은밀히 새나간다. 말하자면 많은 기업들은 기업의 프로세스를 최적화시키기 위해 어쩔 수 없이 외부 자문단에게 큰 비용을 지출하고 있다.

연금술사로서 당신은 "BPR(Business Process Reengineering)" 업무를 직접 떠맡으라.

★ 부서와 기능을 통합하여 관리비용을 절감하라.

★ 간단명료한 프로세스를 도입하여, 동일한 서류를 반복 보관하거나 전자정보처리 시스템에 여러 번 기록을 하는 등 이중 행위를 피하도록 하라.

★ 정보 두절상태를 제거하라. 당신은 통화내용을 적은 메모를 전달하고, 당신의 직원은 그것을 팩스로 보내기 위해 작성하고, 당신의 비서는 메모 내용을 이메일로 작성한다.

★ 통합 데이터뱅크를 이용하라. 보고경로와 관리층위를 단축시킴으로써 기업을 보다 경제적으로 만든다.

★ 평균 회의 횟수와 회의 참여자의 수를 줄이라.

★ 기업의 전문부서들을 공간적으로 밀착시켜 불필요한 걸음걸이를 하지 않도록 하라.

과거의 형태와 새로운 형태를 결합하여 기업의 프로세스에 적용시키라. 또한 기업의 수익성에 대해 팀과 상의하도록 한다. 그렇다면 당신은 문제가 어디서 발생하는지를 신속히 알게 될 것이다. 또한 당신의 직원들이 기업의 프로세스에 대한 우수한 개선안을 제안할 수도 있다. 그러므로 그들에게 항상 귀를 기울이고, 필요하다면 설문조사를 활용하라.

조직구축 최적화

연금술사로서 당신은 팀과 함께 기업의 조직을 개선하라. 이로 인해 기업의 근본 토대가 위태롭게 흔들릴지도 모른다. 기업의 조직은 경쟁력에 매우 큰 영향을 미치기 때문이다.

조직구축 과정에서 일부 부서들이 기업 전체의 이익이 아닌, 자신의 이익만을 중요시하는 등의 이기적인 모습을 나타낼지도 모른다. 그럼에도 불구하고 명료한 구조를 지닌 기업 조직을 구축하고, 위계질서를 제거하라.

새로운 조직을 발전시키는 과정에서 담당 직원과 개별 혹은 집단 면담을 추진하라. 이 면담에서 구조적 변화와 결부되어 있는 문제점들을 명확히 가시화시키도록 한다.

제품 및 개발 관련 지출

연금술사로서 당신은 경제성과에 지출되는 모든 형태의 비용을 파악하라. 제품 및 개발 관련 지출비용에 관련하여 다음의 방안들을 적용할 수 있다.

★ 여러 곳의 생산 장소를 통합하여 한 곳에 집중시킨다.

★ 생산설비를 개선함으로써 생산성을 강화시킨다.

★ 작업과정을 개선한다.

★ 불량품을 줄인다.

★ 검토 및 관리 시간을 단축한다.

★ 자동화 도입

★ 비용과 품질 면에서 제품을 개선한다.

★ 개발을 촉진시킨다.

★ 무상 작업을 유상 작업으로 전환한다.

임금의 최적화

사람은 그의 옷차림에 상응하는 대접을 받는다.
또한 그의 이성에 상응하는 해고조치를 받는다. – 우크라이나의 속담

소니(Sony) 사의 독일지사 경영인이었던 호르스트 울리히(Horst Ullrich)는 "실수를 저지른 사람은 보다 영리해진다. 왜 이런 영리한 사람들을 해고해야 하는가?"라고 물었다. 사실 당신은 직원을 해고하여 임금비용을 줄일 수 있다. 임금을 지불하지 않는 만큼 직접적으로 비용절감 효과를 가져올 수 있을 것이다. 그러나 그저 비용을 절감하겠다는 이유로 한치 앞만 내다보는 경솔한 결정을 삼가라. 비용이 절감되더라도 당신이 이를 통해 노하우를 잃어버린다면 기업에 전혀 득이 되지 않는다.

당신이 기업 조직에 결함을 발견하였을 때, 새로운 기업구조가 구축되지 않았다면 실제로 당신의 기업에 얼마나 많은 직원이 필요한지를 가늠할 수 없다. 그러므로 우선 임금부대비용을 검토해야 한다. 이 과정에서 다음의 조치들을 사용할 수 있다.

- ★ 아웃소싱
- ★ 일부 사업분야 독립시키기
- ★ 고용 중단
- ★ 초과근무 금지
- ★ 단시간 근로
- ★ 채무관계정리 계약
- ★ 조기 은퇴
- ★ 효율적인 휴가계획
- ★ 전일근무를 반일근무로 교체
- ★ 정규직을 계약직으로 전환
- ★ 프리랜서 직원과의 고용계약 해지
- ★ 하청기업과의 계약 해지

행정과 판매, 매니지먼트, 영업 부문 지출

행정과 판매, 매니지먼트, 영업 부문의 지출에서 다음의 사항을 유념하라.

행정 일반

- ★ 기존의 모든 서비스업체(텔레콤 회사, 전자정보처리 시스템, 변호사 등)와의

계약을 검토하라. 기업의 통제위원회는 최종적으로 어떤 서비스업체만을 유지할지를 결정한다. 이 과정에서 당신은 놀라운 사실을 발견하게 된다. 예컨대 더 이상 사용되지 않는 기계의 임대계약, 몇 년 전부터 필요하지 않은 서비스업체와의 계약, 아주 비싼 고액 서비스 기업과의 계약 등 서비스업체의 불필요한 가격책정 사실을 알게 될 것이다.

마케팅과 영업

★ 외근 통제 간소화, 빈틈없는 보고 제도 도입.

★ 시찰 루트를 목표 지향적으로 설정

★ 고객 시찰을 집중적으로 실시

★ 영업사원을 기업의 직원으로 대체

★ 특정 시장이나 특정 세분시장에 제품을 더 이상 공급하지 않기

★ 마케팅과 홍보에 집중하기

★ 가격 책정안 검토

현금화

★ 파산 시의 신용능력 협정

★ 통화 위기에 대한 안전 대책 강구

★ 지급능력 상황이 나쁜 고객을 대상으로 선불 요구

매니지먼트

★ 경영법 전환 혹은 위기경영법 보조

★ 의사결정 과정을 새롭게 재정비

★ 리더십 전환

이와 함께 공공기관이 당신에게 제공하는 다음의 가능성들도 활용하라.

★ 세금 선납 조정과 지급기한 연기 요구

★ 보조금

★ 보증 계약

장기적 회생을 위한 초안 마련하기

구상이 없는 기업은 토대가 없는 집과 같다.
– 쿠르트 아스팔크 (독일의 기업 컨설턴트)

연금술사로서 당신은 단기간 안에 견고한 토대를 세워야 한다. 그리고 그 후에 기업의 장기적 성공을 보장하는 기업구상을 마련해야 한다. 이것은 당신이 새로운 사업계획서를 작성해야 한다는 것을 의미한다. 다음과 같은 사항들이 이에 속한다.

★ 제품

★ 경영 집단

★ 마케팅 전략

★ 조직 정비

★ 기회와 위기

★ 자금조달

★ 재무계획

기업회생을 위한 첫 번째 조치들을 시행할 때부터 이와 같은 사업계획서를 함께 작성하라. 준비상태와 성과상태에 따라 사업계획서 작성은 지체 없이 중단될 수 있다. 일반적인 기업의 경우 사업계획서는 대개 4주 이상 요구되질 않는다.

미래에 대한 생각을 스스로 하라

기업을 설립하는 사람을 위해 수많은 도약대가 존재한다. 당신 역시 이 도약대에서 사업계획서 작성에 대한 아이디어를 얻을 수 있을 것이다. 경영인과 기업가, 행동주의자뿐만 아니라 연금술사로서 당신 또한 사업계획서를 작성해야 한다. 만약 외부인이 이 임무를 떠맡는다면 사업계획서는 믿음직스럽지 못할 것이며, 따라서 차후의 기업회생 과정이 지체된다. 그렇다고 당신이 전문인의 도움을 요구하면 안 된다는 의미는 아니다.

사업계획서 작성에 있어 기본적인 노선은 다음과 같다. 새로운 사업계획서에 과거의 지출비용 형태를 기술할 필요는 없다. 또한 불필요한 비용과 필수적인 비용을 구분하고, 모든 지출 형태를 새롭게 재정비하라. 당신은 매우 적은 비용으로도 당신이 계획한 기업회생을 이룰 수 있다는 사실에 놀랄 것이다.

물론 불필요한 모든 비용을 제거하기까지는 어느 정도의 시간이 소요된다. 계약만료 기간과 더불어 법적 규정들을 유념해야 하기 때문이다. 기업회생 과정을 시작할 때부터 기업 외 활동에 소요되는 비용을 파악하라. 그래야만 청산되지 않은 비용문제 없이 실제 수익을 나타내기가 수월해진다.

미래의 과제를 조기에 발견하라

창고를 비웠다고 해도 만약 임대계약이 아직 네 달이 더 남아 있다면 기업은 부담을 안게 된다. 이러한 비용을 내부 회생 비용으로 구분하라. 반대로 외부 자문비용, 교육을 비롯한 비용은 외부 회생 비용에 속한다.

당신의 사업계획서는 기업의 지속적인 발전을 계획하는 동시에, 기업소유주와 직원, 은행, 주요 고객과 전략 파트너들에게 기업의 미래에 대한 확신을 심어줄 수 있다.

그러나 사업계획서가 지닌 위험부담 또한 명확히 규정해야 한다. 당신이 이러한 위험부담에 체계적으로 대응하는 과정에서 당신이 기업에 소홀한 부분을 깨닫게 될 것이다.

기업회생을 위한 성공 요인

**당신에게 무언가를 시작할 용기가 충분히 있다면
성공을 얻기 위한 용기도 충분히 있는 것이다. – 데이비드 비스콧 (미국의 정신과 의사)**

이제 당신은 기업의 총체적 회생을 위해 무엇을 분석해야 하고, 어떠한 장애가 나타날 수 있으며, 이를 막기 위해 어떠한 조치를 취해야 하는지를 습득했다. 이 모든 과정을 다시 한 번 처음부터 관찰해 보라. 당신을 성공으로 이끄는 것은 무엇인가?

무엇보다도 시급한 조치를 미루어서는 안 된다는 사실을 가장 먼저 깨닫게 될 것이다. 그러므로 초기 단계에서 부담스러운 모든 사안에 대해 결정하고 이를 실행에 옮기라. 지체되면 곧바로 위험이

다가오므로 신속함이 무엇보다도 중요하다. 신속하고 민첩하게, 그리고 용감하게 행동하라. 그리고 기업의 모든 사항을 검토하고 분석하라. 당신에게 필요한 것은 오직 기업의 생존을 보장하는 것일 뿐이다. 특히 가장 중요한 요인은 바로 경영진이다. 경영진은 기업회생이라는 소용돌이 속에서 돌파구를 찾을 만반의 준비를 갖추어야 한다.

생선은 머리부터 썩는다

기업의 최고 경영진이 훌륭한 본보기를 사용하여 기업회생 과정을 진행시킨다면 이로써 모든 개별 프로젝트들이 얼마나 중요한지를 직원들이 깨닫게 된다. 또한 그들에게 당신의 기업이 다시 강해질 수 있다는 믿음을 전해 주며, 이러한 신념은 직원들의 사기를 북돋는다. 예를 들어 최고 경영진의 감봉은 무엇보다도 직원들의 공감을 살 수 있는 사례에 속한다. 이로써 위기상황에서 팀 구성원 간의 단체정신이 발휘된다. 반대로 위기 시에 경영진의 임금을 인상한다면 모든 계획들이 수포로 돌아갈 수 있다.

기업의 노선을 유지하고, 일의 우선권을 매번 변경하지 마라. 또한 안팎으로 일관성 있는 의사소통을 형성해야 한다. 데일 카네기(Dale Carnegie)의 다음과 같은 말은 큰 의미가 있다. "진심어린 감동은 가장 효과적인 성공요인 중 하나이다." 경영진이 기업 내에 감동을 불러일으킨다면 직원들은 그러한 경영진을 진심으로 받아들일 것이다.

기업회생을 위해 작성된 사업계획서를 경영진, 직원, 자문단, 은행, 파트너, 고객, 공급업체 등 중요한 파트너에게 제시하라. 기업회생 과정 동안 경영진은 이 모든 집단에게 기업의 존속가능성과 기업의 구조조정에 대한 의지를 확고히 보여주어야 한다.

팀 결성

무엇보다도 당신의 기업의 팀이 수행하는 작업을 통해 기업회생의 성공도가 결정된다. 기업회생을 담당하고 다양한 조치들을 실행시키는 팀을 세 층위에 걸쳐 결성하라. 즉 기업회생팀, 기능팀, 그리고 프로젝트팀이 그것이다. 그리고 모든 팀들이 능동적이며 조직적으로 일할 수 있는 환경을 조성하라.

기업회생팀

자본은 조달될 수 있고, 공장은 지을 수 있으며, 인간은 반드시 확보되어야 한다.
– 한스 크리스토프 폰 로어 (독일의 기업가)

당신은 기업회생의 초창기에 킥오프팀을 결성했다. 이 팀은 이제 기업회생팀과 영업·마케팅, 구매·생산, 개발, 행정 및 재무로 구성된 하위 기능팀을 결정한다. 또한 기업회생 과정 중에 발생하는 특수 과제를 위해 프로젝트팀을 결성해야 한다. 이때 항상 최상위에서 통제기관의 역할을 하는 팀은 기업회생팀이다.

기업회생팀은 기업 내부의 구성원과 외부인으로 구성된다. 즉 간부진과 감사부 구성원, 자문인, 고문단, 세무사, 과거 경영참여인단, 투자자 등이다. 킥오프팀이 팀 구성원을 임명하며, 시간이 경과 되면서 당신의 자리도 교체될 수 있다. 기업회생팀에서 팀장을 제외한 모든 구성원 사이에는 위계가 존재하지 않는다. 팀장은 기록을 담당하는 동시에 회의를 주도한다.

★ 팀장은 조직적인 분위기를 조성한다.
★ 팀장은 모든 구성원들이 능동적으로 참여하고 업무에 관여할 수 있도록 유도한다.
★ 팀장은 다양한 지식과 경험을 수집한다.
★ 팀장은 기업의 경영진과 1차 의사소통을 주도한다.
★ 팀장은 중재인의 역할을 담당한다.

팀장의 지시에 따라 기업회생팀은 기업회생의 성공을 결정하는 모든 임무들을 수행한다.

모니터링

경영진에게 이정표를 제시하고, 예상 목표에 도달했는지의 여부를 검토하라. 또한 경영진에게 책임의식을 부여하여 문제의 원인을 규명할 수 있도록 독려한다.

전략 구상

기업회생팀을 그저 통제기관으로 간주하지 말고 경영진의 파트너라고 생각하라. 그래야 당신은 기업의 전략적 경영을 주요관점으로 이끌 수 있다. 또한 기업을 위한 새로운 전략을 마련하고자 한다면 이사회로부터 능동적인 역할을 끌어내라. 그리고 전략을 세울 때 당신의 기업이 장기적으로 어떤 목표에 도달하고자 하는지, 이를 위해 어떤 조치들을 계획하고 있는지를 명확히 규정하라.

일상 업무에서 경영진 보조

오직 예외적인 경우에만 기업회생팀에게 일상 업무를 위임하라. 예를 들면 기업자문단과의 면담에서 중재자로서, 혹은 매우 까다로운 고객과 미팅을 주도하는 업무가 이에 속할 것이다. 시간적인 이유만으로도 기업회생팀은 일상 업무에서 큰 영향력을 행사하지 못한다. 만약 기업회생팀이 너무 많은 업무에 관여한다면 경영진의 믿음을 잃을 수도 있다.

만약 당신이 기업의 경영진을 교체하는 경우라면 기업회생팀은 당분간 일상 업무에 관여해야 한다. 그 밖에도 기업회생팀은 경영진의 질문에 답하고 조언을 제공함으로써 경영진을 보조한다.

접촉

기업회생팀은 당신의 기업을 위해 행정당국, 은행, 전문가, 고객, 연구기관, 새로운 재무조달원, 새로운 직원 등과 새로운 접촉을 시도하는 일에도 관여해야 한다. 이러한 접촉은 위기에 처한 당신의 기업에게 새로운 가능성을 열어준다.

정보

기업회생팀은 수많은 외부 요인들, 특히 기업의 기술적·재무적·법적 조건들을 조사하고, 이에 관한 정보와 지식을 정기적으로 경영진에게 전달하고 최신정보를 빠짐없이 제공한다.

원칙과 초점

기업회생팀은 또한 기업의 원칙과 목표의식을 검토한다. 이때 일상 업무뿐만 아니라 새로운 기업 전략도 관찰의 대상이다.

동기와 방향 설정

기업회생팀은 기업의 목표와 프로젝트를 지정하며, 이정표를 세우고 책임의식을 부여한다. 또한 기업회생팀은 기업회생 과정이 진행되는 동안 모든 직원들이 책임의식을 유지하도록 통제한다. 이를 통해 기업회생팀은 직원들에게 실적에 대한 심리적 압박을 조성하기도 하며, 다른 한편으로는 경영진에게 신뢰와 후원의 의사를 전달한다. 많은 경영진들은 이러한 상황에서 열린 비판을 매우 중요하게 생각한다.

이러한 환경을 바탕으로 당신은 기업의 미래 전략을 구축하도록 한다. 개별 팀 구성원들은 다양한 주제 영역에서 전략을 구축하고 회의를 통해 전체 팀에게 구축된 전략을 공개한다.

★ 기업철학

★ 기업목표

★ 하위 팀의 행동방식과 목표

★ 홍보활동

★ 직원

★ 재정 지원

★ 제3자의 위임

　　무엇보다도 과거의 경영진과 이사회, 기업 소유주는 다가오는 위기를 신속히 인식할 수 있다. 그러나 기업의 위기 경영을 맡는 사람은 대체로 기업의 경영진이 아니라 통제기관과 기업 소유주, 혹은 기타 파트너들이다. 지금까지의 경영진이 새로운 과제를 완벽히 수행해 낼 능력이 있는지의 여부를 검토하라. 위기상황에서 경영진 전체, 혹은 일부 경영진을 교체한다면 당신의 기업에 보다 큰 도움이 될 수 있다. 또한 임시 경영인과 자문인, 또는 외부 서비스업체를 고용함으로써 기업 외부의 노하우를 기업 안으로 끌어들일 수도 있다.

기능팀

단순히 지식을 모으는 것은 돈을 그냥 비축하는 것처럼 좋지 않다.
지식 역시 실행에 옮겨지기를 원한다. – 로버트 리 프로스트(미국의 심리학자)

　　기업의 기능팀은 개별 영역에서 새로운 구상안을 개발하여 이것을 기업회생팀에게 제시한다. 기업회생팀이 협의를 통해 이 제안을 통과시키고 발표하면 기능팀은 이 방안들을 직접 실행에 옮기며, 책임의식을 가지고 예정된 목표를 달성하고자 노력한다. 이러한 절차가 지닌 장점은 다양한 기능팀이 기업의 미래 설계에 함께 참여하기 때문에 스스로 동기부여가 된다는 데에 있다. 또한 여러 기능팀 사이에서 기업의 새로운 경영구조를 보여주는 긴밀한 인간관계가 형성된다.

프로젝트팀

당신의 기업은 창고정비, 일부 기능을 다른 사업 분야로 이전시키는 작업, 세관 문제와 같은 특수한 과제를 담당할 프로젝트팀을 결성해야 한다. 각 프로젝트팀이 확실한 구조를 가지고 있는지, 명확한 목표와 시간을 규정하고 있는지, 중앙 기업회생팀에게 항상 보고를 수행하는지를 관찰하라.

당신은 성공적인 기업회생에 필요한 다양한 분석방법들을 이미 습득했다. 이제 당신은 팀 구성원들이 협력하여 좋은 결과를 이끌어낼 수 있도록 다음의 수단들을 적용할 수 있다.

워크숍

당신은 이사회 및 경영진과 함께 새로운 기업 전략을 공동으로 마련한다. 차근차근히 새로운 전략을 마련할 수 있는 워크숍 자리를 기획하라. 워크숍 기간 동안 이사회와 경영진은 업무적으로도, 또 인간적으로도 긴밀한 관계를 형성한다.

현실점검 방법

경영진은 현실점검 방법을 토대로 전략을 세우며, 기업회생팀은 이 전략을 검토하고 필요하다면 이를 수정하기도 한다. 말하자면 경영진이 초기 기획한 계획안과 예산안이 도달 가능하고 설득력을 갖도록 수정하는 것이다. 이렇게 함으로써 비판적 시각과 함께 경영진이 판단하지 못하거나 다르게 판단한 사안을 발견함으로써 낡은 사고방식을 극복할 수 있다.

각 개별 경우마다 어떤 방법을 사용해야 하는지는 다양한 요인에 의해 좌우된다. 즉 경영진의 자질뿐만 아니라 기업회생팀이 어떻게 구성되어 있는지 역시 중요하다. 기업회생팀의 구성원이 기업의 해당 영역에 많은 지식을 가져올수록 이 지식은 새로운 전략을 형성하는 데 왕성한 기여를 한다.

기업회생 과정은 총체적인 사고방식을 요구한다. 당신은 아주 오랜만에 처음으로 당신의 직원에게 부서의 경계를 넘어 협력을 위임하게 된다. 또한 당신은 새로운 수단과 방식에 대한 지식을 획득하고, 기업이 이 지식의 도움을 받을 수 있도록 전문 경영진에게 이 지식을 심화시켜야 한다.

당신의 기업의 모든 토대를 끊임없이 조사하고, 다양한 대안을 체계적으로 강구하며, 급진적으로 새로운 것을 고려하며, 지금까지 생각하지 못한 것을 사고하도록 한다. 경쟁성 있는 혁신적 상품, 고객에 대한 변화된 자세, 증가하는 비용압박, 비약적인 시장의 변화는 당신의 행동과 사고를 변화시킬 수 있다. 당신이 변화과정을 매우 의식적으로 추진하는 경우에만 행위의 법칙을 손에 넣을 수 있다.

기업의 미래를 위하여

가장 탁월한 성공은 좋아하는 일을 하며 생계비를 버는 것이다.
- 데이비드 매컬로 (미국의 작가)

이제 당신은 연금술 경영법칙의 두 번째 부분을 습득했고, 기업이라는 환자는 병원을 떠날 수 있다. 방금 치유된 건강한 기업, 비전과 큰 매력을 지닌 기업을 시장에 구축하는 여행이 지금부터 시작된다. 기업회생의 여러 조치를 거치면서 당신은 기업의 낡은 행동방식과 사고구조를 타파했다. 또한 기업 전체를 철저히 검사하고 샅샅이 알게 되었고, 새로운 비용의식과 문제의식을 발전시켰다. 모든 직원들은 외부의 도움으로 새로운 핵심능력인 다양한 분석방법, 워크숍, 프로젝트 경영을 기업 안으로 가져오기 위해 함께 고생했다.

기업의 경영진이 다시 과거의 위치와 사고방식으로 돌아가지 않도록 주의하라. 그렇게 되면 당신이 설계한 전략은 실제로 아무런 효력을 가지지 못한다. 또한 유동자산의 위기나 실패 위기에서 빠져나올 수는 있지만 전략적 위기에서는 벗어나지 못한다.

어떻게 해야 이러한 위기상황에서 빨리 벗어날 수 있을까? 지금까지와는 완전히 다른 사고방식을 가지라. '우리'라는 새로운 감정을 기업 내에서 활용하고, 이러한 환경에서 직원들이 발전시킨 강점을 사용하라. 기업의 새로운 시작을 알리는 이 시기에 당신에게 중요한 핵심어는 다음과 같다.

★ 개혁

★ 혁신

★ 창의성

당신이 다른 경쟁 기업체에만 초점을 맞춘다면 시장에서 선두 위치를 차지하지 못한다. 이를테면 당신의 기업은 늘 이인자로 남거나 늘 후방에서만 달리게 된다. 반면 변화만이 당신의 기업을 최전방으로 이끌 수 있다. 기술력, 시장, 법적 전제조건, 경쟁업체들은 사전의 계획 없이 점점 빠른 속도로 변화한다.

이러한 변화 속에서 당신의 기업은 성공을 보장하고 직원들을 장기적으로 만족시키는 시스템을 어떻게 발전시키고 도입시킬 수 있는가? 좋은 소식은 당신이 기업을 분석하고 기업회생을 위해 효과적인 조치들을 포착했기 때문에 이미 가까이 도달해 있다는 것이다. 반면 나쁜 소식은 당신의 기업은 더 이상 과거의 모습이 아니며, 당신은 기업의 미래가 어떻게 될지 모른다는 것이다. 이제부터 끊임없는 변화는 당신의 친구이자 길잡이이다.

제2장은 기업의 위기를 극복하고 새로운 길을 타진할 수 있는 경영학적 수단들과 행동방식을 당신에게 제시했다. 모든 기업은 기업의 상황이 좋건, 이미 위기경영이 필요하건 상관없이 항상 변화할 수밖에 없다. 기업의 모든 토대를 끊임없이 새롭게 조사하고 대안을 발견하라. 당신이 변화과정을 의식적으로 추진하는 경우에만 당신은 기업의 권력과 미래를 손에 넣을 수 있다.

1. 현재상태와 표준상태의 비교를 포함한 기업의 예산안은 어떠한가?(계획, 실행가능성, 통제)

2. 당신은 기업의 성과 분야에서 비용과 판매를 정확히 예측하고 있는가?

3. 당신의 기업에서 결정 과정은 어떻게 진행되는가?(신속한가, 복잡하지 않은가, 수락가능성은 큰가?)

4. 목표규정 과정은 어떠한가?(시사성이 있는가, 투명한가, 실행가능한가?)

5. 기업의 가치를 통제하는 과정은 어떠한가?(규칙적으로 반복되는가, 투명한가, 장기적인가?)

6. 고객의 지급 윤리는 어떠한가?(기한을 정확히 맞추는가, 신용이 있는가?)

7. 재무 통제의 인프라 구조는 어떠한가?(한눈에 알아볼 수 있는가, 신속히 조달가능한가, 정확한가?)

8. 지난 해에 새로운 고객의 공급 중 몇 퍼센트를 경쟁업체에게 잃었는가?

9. 지난 2년간 획득한 공급의 비율을 어떻게 발전시켰는가?

10. 지난 2년간 고객과의 첫 접촉부터 매매계약을 성사시키기까지 소요된 시간은 어떻게 전개되었는가?

11. 당신은 기업의 강점과 약점, 가능성과 위기를 인식하고 있는가?

12. 당신의 기업은 수명주기가 다양한 모든 상품과 서비스를 지니고 있는가?

13. 당신은 경쟁업체의 활동을 얼마나 정확하게 따라가고 있는가?

14. 지난 몇 년간 경쟁업체에서 영입한 임직원보다 타 경쟁업체로 옮겨간 임직원이 더 많은가?

15. 기업을 팽창시키기 위한 최적의 자본을 마련하고 있는가?

16. 지난 3년간 당신의 기업의 시장점유율은 상승했는가?

17. 당신의 기업의 제품과 서비스는 타 경쟁업체에 비해 얼마나 훌륭한가?

18. 타 경쟁업체에 비해 당신의 기업의 제품 가격은 어떠한가?

19. 채권 손실은 얼마나 높은가?

20. 고객과 파트너와의 계약과 노선은 얼마나 훌륭히 규정되어 있는가?

제3장
영감_제3의 힘

영감은 창의성과 상상력의 원천이다. 영감이 없다면 우리가 행하는 모든 것은 기계적일 뿐이다. 영감이 없다면 우리의 행동이 색채를 잃는다. 영감이 없었다면 미켈란젤로가 그림을 그리지 못했을 것이며, 오토 릴리엔탈(Otto Lilienthal)은 첫 비행시도를 감행하지 못했을 것이다. 영감이 없었다면 모차르트와 베토벤의 음악도, 비틀스와 롤링스톤스의 음악도, 괴테와 헤밍웨이, 헤세의 작품도 존재하지 않았을 것이며, 자동차와 전등도 발명되지 않았을 것이다.

창조적 영감을 자극하라

상상력은 눈에 보이지 않는 것을 볼 수 있는 재능이다! – 조너선 스위프트 (영국의 작가)

라틴어인 "inspirare"는 호흡 혹은 생명을 불어넣는 것을 의미한다. 숨을 쉬지 않으면 우리가 죽듯이, 영감(Inspiration)이 없다면 삶은 생기를 잃는다. 그러므로 영감은 창의성과 상상력의 원천이다. 영감이 없다면 우리가 행하는 모든 것은 기계적일 뿐이다. 영감이 없다면 우리의 행동이 색채를 잃는다. 영감이 없었다면 미켈란젤로가 그림을 그리지 못했을 것이며, 오토 릴리엔탈(Otto Lilienthal)은 첫 비행시도를 감행하지 못했을 것이다. 영감이 없었다면 모차르트와 베토벤의 음악도, 비틀스와 롤링스톤스의 음악도, 괴테와 헤밍웨이, 헤세의 작품도 존재하지 않았을 것이며, 자동차와 전등도 발명되지 않았을 것이다.

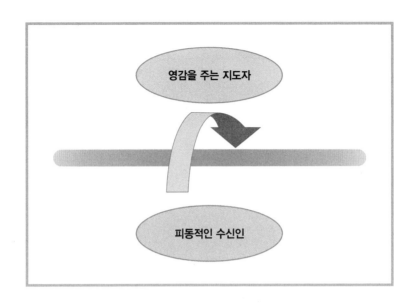

참된 연금술사는 자신을 인식하고 받아들여야 한다. 그는 자신의 본업과 계획을 폭넓고 심오하게 이해해야 하며, 체계적으로 사고할 수 있어야 한다. 또 그는 지적 호기심과 학습의욕을 갖추어야 한다! 참된 연금술사는 지식을 파급하기를 원하며, 시스템 전체를 앞으로 나아가게 하기를 원한다! 앞서 기술된 두 장(章)은 이러한 개인적인 시도와 모험을 간추려놓은 것이다. 당신은 지금 이 시점까지 미래를 위한 준비 작업을 한 것뿐이다. 이제 당신은 피동적인 수신인의 자세에서 벗어나 미래를 직접 설계하기 시작한다. 수신인의 고정관념을 뛰어넘어 이제 영감을 주는 지도자가 되어라!

영감과 영감에서 흘러나오는 사고는 당신을 비롯한 우리 모두로 하여금 매일 특별한 것을 행할 수 있게 한다. 곰곰이 생각해 보

라. 당신에게 영감이 부족하여 실패한 일은 무엇인가? 당신의 인생에서 영감이 당신을 고무하고 힘을 부여해서 성공한 일은 무엇인가?

영감에는 모든 경영학적 능력의 근원이 잠재되어 있다. 영감은 개혁을 위한 막대한 에너지를 방출한다. 그러므로 영감은 경제를 발전시키는 모든 개혁의 원천이다. 당신이 기업에서 연금술사의 길을 걷는다는 것은 당신이 주변 사람들에게 영감을 불어넣고 그들을 창조적이며 개혁적으로 고취시키는 것을 의미한다. 당신은 그들과 함께 조직 전체를 발전시키기를 원하므로, 당신의 개인적인 목적뿐만 아니라 기업 전체의 이익을 함께 고려한다. 당신은 당신의 지식을 널리 전파하고 새롭고 획기적인 것을 촉구한다. 당신은 배우고자 하고, 당신은 알고자 하며, 당신은 가르치고자 한다.

새로운 기업은 구습에서 벗어나 신선한 행동과 개혁을 이끄는 이러한 영감의 정신을 필요로 한다. 이를 위해 기업은 경영진과 자문단이 충분히 인식하지 못하고 놓치는 점을 필요로 한다.

인간은 서로 신뢰하고 기업과 기업의 경영진을 믿을 때, 자신이 기업의 기본원칙 속에 있다는 것을 깨달을 때, 다른 사람들과 "영감"을 교류하며 상대방의 입장과 마주설 수 있을 때 비로소 자신을 개발시킬 수 있다. 또한 인간이 이러한 자신의 내면적 가치들을 순수한 이익을 초월하여 생각한다면 진력을 다하여 새로운 아이디어와 기업을 위해 헌신할 준비를 갖춘 것이다. 인간이 기꺼이 하고자 하는 것은 당신에게도 유리하게 작용한다. 그것도 심지어 아주 짧은 시간 안에 효과를 발휘한다. 자신의 개인적인 동기를 알고 행하는 사람들은 외부로부터의 어떤 동기부여도 필요하지 않다. 그들은 자신이 원하는 방향으로 스스로 움직이는 충분한 원동력을 지니고 있다.

모든 사람들이 이러한 사실을 유념하고 개혁을 촉진시켜야 한다. 개혁을 주제로 하는 세미나에 참여하는 사람들이건, 개혁문화를 변화시키려는 사람들이건 말이다. 그렇게 되면 제1장에서 기술한 것처럼 인간에 대한 의식이 중요하게 부각된다. 이제 이러한 의식을 제2장에서 획득한 경영학적 지식과 조화시키라. 그렇다면 이제 당신은 장기적으로 개혁을 추진할 수 있는 두 가지 힘을 소유한 것이다. 이로써 당신은 당신 자신의 미래뿐만 아니라 기업의 미래를 설계할 수 있다.

이제 더 이상 기업의 원칙을 수동적으로 받아들이지 말고, 당신의 분야에서 영감을 불어넣는 지도자가 되라. 이로써 당신은 제1의 힘과 제2의 힘을 통합할 수 있다. 당신은 당신의 본업과 당신의 기업 전체를 폭넓고 심오하게 이해하게 된다. 당신은 당신의 주변 사람들과 당신의 직업에 대해 관심을 기울이고, 당신의 지식을 전파하기를 원한다. 이제 당신은 완전히 새로운 길을 타진하고 모순을 구조적으로 해결하며 저항에 맞설 준비가 되어 있다. 당신은 이를 위한 힘을 당신의 영감에서 끌어들인다.

당신의 상상력을 통해 다음 페이지에서 제시하는 과제를 수행하라. 손을 떼지 말고 아홉 개의 점을 네 개의 직선으로 연결하라. 당신은 이 책의 마지막 페이지에서 해답을 발견할 것이다. 다른 책을 찾아보지 말고 당신이 직접 과제를 해결하라.

상상력은 지식보다 중요하다. 지식은 제한적이기 때문이다. – 알베르트 아인슈타인

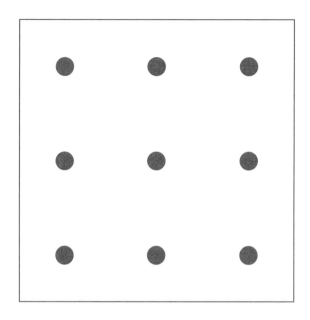

기술력추진 프로그램인 "미래의 집"이 3년 전에 시작되었다. 참가자들
은 짚으로 만든 집의 기획안을 진행시켰다. 이 집은 에너지와 원료를
의식한 주거공간이라는 지금까지의 관행에서 벗어난 아이디어로, 오
스트리아의 기반부(Ministry of Infrastructure) 장관 후베르트(Hubert)가 제
기한 혁신적인 개혁안이었다. 짚으로 만든 집은 에너지절약형 주거기
술(Passivhaustechnologie)을 차세대 원료의 유용성과 훌륭한 방식으로
결합시킨다. 이미 에너지절약형 주거(Passivhaus)만 하더라도 기존의 건
물에 비해 오직 6~10퍼센트의 난방에너지만이 요구된다. 그러나 짚으
로 만든 집은 기존의 건물에 비해 3~5퍼센트의 에너지만 소모되므로
에너지절약형 주거보다 눈에 띄게 에너지 절약효과를 가져온다. 이것

은 혁신적인 에너지자원을 사용하여 폐열을 활용하는 탁월한 주거기술력으로 가능하다. 예를 들어 남향 유리창과 태양열 집열판, 반사면으로 사용되는 정원연못을 통해 이루어진다. 건물의 겉면은 나무와 짚으로 구성되며, 벽은 대마, 아마, 양모, 셀룰로오스 등의 다른 재료를 사용한다.

짚으로 만든 집의 아이디어는 비범한 사고방식에서 생겨난다. 기업의 일상과 전통적인 전략기획안을 바탕으로 삼는 많은 직원들은 지금까지와는 다른 비관행적인 길로 나아가려 하지 않으며, 대부분 자발적으로 업계와 기업의 도그마를 그대로 받아들인다. 이러한 태도의 근원은 오래 전으로 거슬러 올라간다.

수공업자들은 수세기 동안 전혀 개혁을 실행하면 안 되었다. 1523년의 길드 증서에 따르면 다음과 같은 내용이 강조되어 있다. "수공업자는 어떠한 새로운 것을 고안하거나 발견하거나 사용해서는 안 된다." 또한 1570년에 뉘른베르크(Nürnberg) 길드는 공구 제작자에게 "새로 고안된 톱니로 만든 톱의 제작"을 금지하도록 했다.

많은 새로운 제품들은 전통적인 전략을 기반으로 생성된다. 일반적으로 새 제품은 과거의 제품보다 개선되는 경우가 많지만, 실제로 개혁적이고 혁신적인 변화를 가져오는 경우는 드물다. 이에 관한 예는 수없이 많다. "레이더(Raider)" 초콜릿이 내용물은 그대로인데 이름만 "트윅스(Twix)"로 바뀌거나, 이전 버전에서 그래픽만 바뀐

"차세대 소프트웨어" 등 우리 주변에서 다양한 예를 찾아볼 수 있다.

당신이 전통적인 길을 따른다면 당신의 기업의 가치창출 역시 미약한 정도에 머무를 수밖에 없다. 그렇게 되면 당신의 소득은 다만 지금까지의 수준에만 방향을 설정할 수 있기 때문이다. 그러나 우리 사회에서는 새로운 수단으로 보다 높은 가치창출을 목표로 삼는 것이 훨씬 중요해지고 있다. 그러므로 지속적으로, 그리고 체계적으로 당신의 문제점에 대응하고, 문제의 구조와 문제를 인식하는 당신의 개인적인 식견을 검토하라.

연금술 경영법칙은 복합적인 기업 상황에 대응하는 창조적인 전략을 발전시킬 수 있도록 당신을 고무한다. 당신이 당신의 제품을 끊임없이 개선시킨다면 당신의 기업은 보다 많은 가치를 창출해 낼 수 있다. 당신의 영감은 당신이 창의적으로 업무에 임할 수 있도록 인도하며, 개혁적인 상품을 제작할 수 있도록 돕는다. 그러므로 당신의 영감을 자유롭게 펼치고, 당신의 기업이 새로운 제품과 새로운 작업과정을 위한 훌륭한 아이디어에 도달할 수 있도록 환경을 조성하라.

영감과 지식 그리고 개혁

새로운 사고를 지닌 인간은 일이 끝까지 마무리될 때까지 방적공의 기능을 담당한다.
— 마크 트웨인 (미국의 소설가)

모든 기관, 모든 기업, 모든 인간에게는 활용되지 않은 위대한 잠재적 지식이 내재되어 있다. 당신의 기업과 당신 자신에게도 마찬가지이다.

지식은 눈에 보이지 않고 대부분 인간의 머릿속에 자리 잡고 있으므로, 비록 대차대조표에 드러나지 않지만 기업에서 매우 중요한 자산에 속한다.

연금술 경영: 영감을 통한 개혁경영

당신을 비롯한 다른 사람들에게 내재된 지식을 발굴하라. 이를 통해 개혁을 추진하고, 기업을 영속적인 경제적 성공과 국제경쟁 속에서 우월한 위치를 차지할 수 있도록 경영하라.

독일의 경제는 최근 몇 년간 침체되었다. 그러므로 이제 새로운

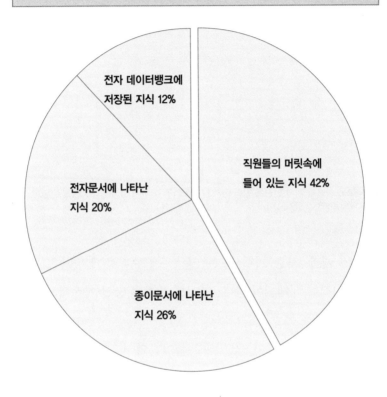

지식은 어디에 존재하는가?
− 여러 기업을 대상으로 한 설문조사(출처: 델피 그룹Delphi Group)

전자 데이터뱅크에
저장된 지식 12%

직원들의 머릿속에
들어 있는 지식 42%

전자문서에 나타난
지식 20%

종이문서에 나타난
지식 26%

개혁과 자질을 추구하고자 하는 의식이 무르익었다.

과거에는 "독일산(Made in Germany)"이라고 하면 우수한 품질과 개혁을 뜻했다. 그러나 독일품질연구협회 지 『*Excelence Barometer 2003*』와 포룸(Forum) 연구기관, 『임펄스*Impuls*』 지에 드러났듯이 상황은 더 이상 예전 같지 않다. 독일은 새로운 품질에 대한 의식이 시급히 필요하다고 각종 전문지들은 언급하고 있다. 설문조사에 응한 100명의 중소기업 및 대기업 경영인 중 5분의 1은 독일 상품의 품질이 현저히 떨어진 사실을 증명했다.

성공적인 기업은 경영 능력과 직원들에 대한 태도 면에서 이에 정통하지 않은 기업들과 완전히 구별된다. 성공적인 기업에는 상업적이며 사회적인 능력보다 전문 기술적 강점을 갖춘 경영인이 훨씬 더 많이 존재한다.

개혁은 상품의 품질에만 관련되는 것이 아니며, 직원경영과 기업 활동의 모든 과정, 특히 상품에 대한 서비스 전반에 관련된다. 여기서 중요한 것은 변화이다. 연금술사로서 당신은 변화에 직접 부딪치라.

당신의 주변은 살아 움직이며, 모든 업계 구조는 수시로 변화한다. 이러한 전제조건 하에서 개혁은 변화를 따라가는 것이 아니라 변화를 직접 유발할 수 있는 가능성을 당신에게 제공한다. 그러므로 감추어진 지식의 보물을 발굴하는 과제가 연금술사로서 당신에게 부과된다. 납(경직된 지식)을 금(살아 움직이는 지식)으로 변화시키라. 기업 조직원들에게 새로운 것을 발굴할 수 있도록 영감을 불어넣으라. 모든 직원들이 지식의 온갖 원천을 사용할 수 있도록 신경 쓰고, 기업의 정보 기술력을 최적화시키라. 그리고 전문가와 직원들과의 면담을 추구하라. 또한 기업의 제안 제도를 개선시킴으로써 직원들이 그들의 지식을 전달할 수 있도록 그들을 장려하고 이에 보상을 지급하라.

독일경영연구소에서 2002년에 실시한 설문조사에 따르면 직장인들은 약 136만 건의 개선안을 기업에 제안했다. 이 중 약 70퍼센트가 실행에 옮겨졌다. 기업은 이들에게 약 1억 8,500만 유로의 특별수당을 지급했으며, 직원들의 제안으로 총 11억 8,000만 유로의 비용을 절감했다. 이로써 절감액의 약 15~30퍼센트 가량이 특별수당 금액으로 지급된 셈이다.

개혁이란 무엇인가?

대부분의 사람들은 반드시 해야 할 일을 한다.
그러나 개혁가는 지금 당장 할 필요가 없는 일을 한다. – 미상

당신이 모든 아이디어를 수집했다면 그 중에서 당신이 실제 개혁안으로 판단할 수 있는 것을 선별하는 것이 중요하다. 연금술적 의미에서 개혁이란 무엇인가?

개혁을 통해 당신은 적어도 제품이나 서비스의 측면에서 고객의 요구를 보다 잘 충족시킬 수 있다. 그러므로 개혁은 응용 가능한 것이라야 한다. 예를 들어 지금까지 늘 손으로 빨래를 해오던 사람들이 이제 세탁기를 사용하는 것은 현저한 개선이라고 볼 수 있다. 그러나 개혁은 경제적인 의미뿐만 아니라 사회적인 의미에서도 요구를 보다 잘 충족시킨다. 그러므로 개혁은 당신의 기업에서 생산을 관리하고 생산에 참여하는 직원들을 조직적으로 체계화시키는 일에도 관여된다. 당신은 새로운 발전이 어떻게 이루어지는지를 다음의 요소로 결정할 수 있다.

1. 유발인자

2. 독창성의 정도

3. 변화의 범위

4. 대상 분야

개혁의 실례

A) 내부로부터의 개혁: 주로 연구 및 개발 분야에서 이루어짐. 예를 들면 자동차 제조회사의 안전성 연구에서 "에어백(Airbag)"이 개발됨.

B) 외부로부터의 개혁: 주로 새로운 규칙이나 현재 시장의 발달 결과로서 이루어짐. 예를 들면 이동 통신기기의 수요가 급증함에 따라 휴대전화가 개발됨.

그러므로 당신이 당신의 기업에서 개혁을 강력하게 촉구할 수 있는 분야가 무엇인지 고려해 보라. 어떠한 내부 혹은 외부로부터의 개혁이 당신의 기업에서 중요한가? 다양한 접근방식을 경영에 끌어들이라.

핏 접근방식

한편으로 당신의 기업의 다양한 활동과 방책을 관찰하고, 다른 한편으로 주어진, 혹은 예상될 수 있는 기업 환경에서의 가능성들을 관찰하라. 그런 다음 고객의 요구와 만족, 기술 발달, 당신의 기업의 수준을 어떻게 변화시킬 수 있는지 포괄적으로 분석하라. 핏(Fit) 접근방식은 SWOT 분석에서 얻은 강점과 가능성이라는 결과와 정확히 부합한다.

스트레치 접근방식

개혁을 내부 강점과 경쟁성, 기업 방책의 연장으로 간주하라. 당신이 새로운 상품을 시장에 "밀어넣었는데" 그것이 시장에 적합하지 않은 경우를 상상해 보라. 이것은 시장에서 당신의 혁신적인 상품에 대한 수요가 거의 없다는 것을 의미한다. 그러므로 신제품과 시장 가능성을 개발하기 위해 인간과 기술력, 생산과정 전반에 걸쳐 어떤 가능성을 발휘할 수 있는지를 분석하라.

스트레치(Stretch) 접근방식은 대안적인 행위를 의미한다. 그러나 핏 접근방식에 비해 위험성이 보다 높으므로, 가능하다면 핏 접근방식에 우위를 두도록 하라.

이러한 규칙의 범주 안에서 당신은 당신의 기업에서 이루어질 수 있는, 혹은 이미 이루어지고 있는 개혁이 실제로 얼마나 독창적인지를 묻게 된다. 완전히 새로운 발견은 "기초기술 혁신"이다. 즉 기초기술 혁신은 새로운 기술력이나 조직체계의 규율이라는 관점에서 중요한 발현이다. 예를 들어 1936년 콘라트 추제(Konrad Zuse)가 개발한 최초의 컴퓨터가 이에 속한다. 이로써 컴퓨터 시대가 막을 열게 되었다. 기초기술 혁신은 대개 다양한 새로운 적용, 즉 "연속개혁"을 야기시킨다.

당신의 주변에서 기초기술 개혁의 가능성을 인식할 수 있는가? 아니면 오히려 연속개혁을 촉구해야 하는가? 기초기술 개혁과 연속개혁 외에도 근본적인 기능과 특성은 그대로 유지한 채 일부 영역만을 새로이 구성하는 "개선개혁"도 존재한다. 예를 들어 휴대전화기로 사진을 촬영할 수 있는 가능성을 처음으로 제공한 사례가 이에 속한다.

당신의 개혁을 이러한 체계로 분류하기 위해서는 당신의 제품을 독창성의 정도에 따라 분류하고, 그것이 얼마나 희귀하고 독창적이면서도 유용하게 활용 가능한지를 판단해야 한다. 예를 들어 당신은 접촉면이 뜨겁지 않은 다리미나 수소 자동차를 어떤 개혁으로 분류하겠는가? 당신의 판단에 따라 다양한 신제품과 아이디어, 기획안이 그 개혁 정도에 따라 비교될 수 있다.

예를 들어 당신은 융한스(Junghans) 회사의 개혁을 어떻게 판단할 것인가?

1927년 융한스 회사의 카탈로그에 손목시계가 등장했다. 전문가들은 "가장 불안정하고 체온의 변동이 가장 큰 신체부위에 시계를 차는 것은 패션"이라고 판단했다. 그리고 패션전문가들은 손목에 차는 이 시계가 조만간 유행현상이 될 것이라고 예측했다. 당신은 당신의 손목에 찬 시계를 보면 그 뒷이야기를 이미 알고 있을 것이다.

최초의 손목시계는 기존의 상품에 약간의 변화를 가한다면 큰 효과를 거두는 개혁의 좋은 사례를 제공한다.

급진적인 개혁일수록 변화의 효과 역시 보다 획기적이다. 급진적 개혁은 기업과 시장에서 독창적인 성격을 매우 짙게 띤다. 또한 이러한 개혁은 완전히 새로운 기술력을 사용하며, 새로운 시장을 공략한다. 이에 대한 시사적인 사례는 나노 테크놀로지(Nano Technology)를 들 수 있다. 나노기술은 상상할 수 없을 정도로 작은 단위의 개념이다. 즉 1나노미터는 1밀리미터의 백만분의 1이며, 5만 나노미터는 인간의 머리카락 한 올과 동일한 지름을 갖는다. 나노 기술은 최소절개 수술과 전통적인 인쇄기술에 획기적인 개혁을 가져왔다.

한 제품의 의미는 그 세력범위에도 좌우된다. 예를 들어 동물의 움직임으로는 작동되지 않는 새로운 형태의 자동차 경보기는 태양 에너지로 물을 끓이는 새로운 방법보다 세력범위가 미미하다.

급진적 개혁은 기술적 및 경제적 위험을 동반하는 경우가 많다. 그러므로 급진적 개혁을 이루기 위해서는 대부분 초기에 커다란 장애가 극복되어야 한다.

1881년 7월 14일 베를린에서 '96명의 바보들의 책(Buch der 96 Narren)' 이라는 책이 출간되었다. 이 책은 바로 최초의 전화번호부였다. '96명의 바보들의 책'이라는 이름은 세간에 전해진 말이었다. 당시 사람들은 "미국의 이러한 속임수"-전화-에 걸려들었던 96명의 독일 가담자들을 유감스럽게 여겼기 때문이었다. 체신부 장관은 40명의 희망자가 신청을 하는 즉시 각 도시마다 고유의 전화선을 제공하기로 했다. 그러나 쾰른(Köln) 시에서는 불과 36명의 희망자뿐이었다. 산업 및 상업 회의소에서 나머지 4명의 희망자 몫을 책임지지 않았다면 아마 오늘날까지도 쾰른에 사는 사람과 전화 통화를 하는 것이 어려웠을지도 모른다.

모든 개혁이 위에 언급된 전화의 사례처럼 획기적인 변화를 수반하는 것은 아니다. 제품과 생산과정에서 이러한 급진적인 개혁은 오히려 매우 드문 현상이라 할 수 있다. 이 분야에서 이루어지는 대부분의 개혁은 새로운 설계나 새로운 배열에 내재되어 있다. 예를 들어 비용을 절감하거나 제품의 종류를 확대하거나 혹은 기존의 제품을 개선하는 것도 일종의 개혁이다.

당신이 기존의 시장과 기술력의 범위 내에서 활동하고자 한다면 작은 변화에 주력하라. 그렇게 한다면 위험 부담을 현저히 줄일 수 있다. 예를 들어 4륜구동 자동차의 발명을 생각해 보라. 많은 고객들이 이러한 개혁을 수용하리라는 것을 예측 가능할 수 있었다.

기존의 혹은 예상되는 요구를 보다 잘 충족시키기 위해 당신은 품질과 디자인, 혹은 유용성의 측면에서 제품에 변화를 줄 수 있다. 이때 당신에게 주어진 활동권한은 무궁무진하다. 예를 들어 완전히 새로운 제품을 생산하거나 기존의 제품에 새로운 특성을 조합시켜 개선할 수도 있을 것이다.

개혁은 다양한 분야에서 실행될 수 있다.

★ 제품 개혁

★ 적용 개혁·마케팅 개혁

★ 생산공정 개혁

★ 사회적 개혁과 조직체계적 개혁

위와 같은 분류는 당신이 어떤 방향에 초점을 두어 개혁을 "추진"할 수 있는지에 대한 오리엔테이션을 제공한다.

제품 개혁

우리의 사업에 존재하는 가장 큰 위험은
치밀한 누군가가 업계의 규칙을 완전히 변경하는 어떤 것을 고안해 내는 것이다.
마이클과 나는 바로 이것을 행했다. - 빌 게이츠

제품 개혁이란 고전적인 형태의 개혁을 뜻한다. 신제품은 기업과 국민경제 전반에 걸쳐 중요한 경제적 의미를 지닌다. 모든 제품의 수명주기는 점점 짧아지는 추세이며, 국가 경쟁은 더욱 치열해지고 있다. 이러한 상황에서 신제품은 전체 매상 중에서 높은 비율을 차지한다.

당신의 기업에 적합한 개혁을 찾기 위해 지난 수천 년간에 고안된 중요한 발명품으로부터 영감을 얻으라.

연도	개혁/발명	발명가/장소
기원전 620년	동전	리디아, 소아시아
기원전 85년	방아	그리스
50년	증기기관	알렉산드리아의 헤론, 그리스
105년	종이	채륜, 중국
818~906년	도자기, 지폐	중국
1299년	안경	알레산드로 스피나(Alessandro Spina), 이탈리아
1350~1400년	자명종 시계	독일
1405년	나사	독일
1445년	인쇄기	요하네스 구텐베르크(Johannes Gutenberg), 독일
1500년	대용 시계	페터 헨라인(Peter Henlein), 독일
1565년	연필	스위스, 프랑스
1590년	현미경	안토니 판 레이우엔훅(Antoni van Leeuwenhoek), 네덜란드
1670년	샴페인 코르크마개	돔 페리뇽(Dom Perignon), 프랑스
1700년	피아노	바르톨로메오 크리스토포리(Bartolomeo Cristofori), 이탈리아
1783년	낙하산	루이 르노르망(Louis Lenormand), 프랑스
1791년	갈바니 전기	루이지 갈바니(Luigi Galvani), 이탈리아
1796년	예방접종	에드워드 제너(Edward Jenner), 잉글랜드
1798년	석판인쇄술	알로이스 제네펠더(Alois Senefelder), 독일
1802년	가스오븐	차크호이스 안드레아스 빈츨러(Zachäus Andreas Winzler)
1803년	열차	리처드 트레비식(Richard Trevithick), 잉글랜드
1808년	전기 램프	험프리 데이비(Humphrey Davy), 잉글랜드
1811년	통조림	니콜라스 아페르(Nicolas Appert), 프랑스
1821년	전동기	마이클 패러데이(Michael Faraday), 잉글랜드
1827년	사진술	조셉 니세포르 니에프스(Joseph-Nicephore Niepce), 루이 다게르(Louis Daguerre), 프랑스
1829년	타자기	윌리엄 오스틴 버트(William Austin Burt), 미국
1831년	발전기, 변압기	마이클 패러데이(Michael Faraday), 잉글랜드
1839년	사진현상	윌리엄 폭스 탤벗(William Fox Talbot), 잉글랜드

연도	개혁/발명	발명가/장소
1840년	우표	제임스 차머스(James Chalmers), 로우랜드 힐(Rowland Hill), 스코틀랜드
1850년	해저케이블	제이콥 브레트, 존 브레트, 영국
1859년	축전지 가스통	플랑테(Gaston Planté), 프랑스
1861년	컬러사진	제임스 맥스웰(James C. Maxwell), 스코틀랜드
1863년	지하철	런던
1867년	철근 콘크리트	조셉 모니에(Joseph Monier), 프랑스
1872년	세균학	페르디난트 율리우스 콘(Ferdinand Julius Cohn), 독일
1876년	전화기	알렉산더 그레이엄 벨(Alexander Graham Bell), 미국
1877년	축음기	토머스 앨바 에디슨(Thomas Alva Edison), 미국
1878년	확성기	데이비드 휴스(David Hughes), 미국
1879년	전구	토머스 앨바 에디슨, 미국
1879년	전동기차	독일
1881년	전차	베르너 폰 지멘스(Werner von Siemens), 독일
1884년	가솔린 자동차	고틀리프 다임러(Gottlieb Daimler), 독일
1884년	고층건물	북미
1885년	오토바이	고틀리프 다임러, 독일
1886년	가솔린엔진 자동차	카를 페르디난트 벤츠(Carl Ferdinand Benz), 고틀리프 다임러, 빌헬름 마이바흐(Wilhelm Maybach)
1886년	코카콜라	존 펨버턴(John Pemberton), 미국
1887년	축음기	에밀 베를리너(Emil Berliner), 독일
1889년	공중전화기	윌리엄 그레이(William Gray), 미국
1891년	전기오븐	카펜터 전기회사(Carpenter Electric Company), 미국
1892년	디젤 엔진	루돌프 디젤(Rudolf Diesel)
1891년	셀룰로이드 필름 35mm	윌리엄 케네디 딕슨(William Kennedy Dickson), 미국
1895년	무선 전보	굴리엘모 마르코니(Guglielmo Marconi), 이탈리아
1895년	X선	빌헬름 뢴트겐(Wilhelm C. Röntgen), 독일
1895년	혈압측정기	스키피오네 리바 로치(Scipione Riva-Rocci)

연도	개혁/발명	발명가/장소
1896년	택시	독일
1896-1898년	방사능	앙투안 앙리 베크렐(Antoine Henri Becquerel), 마리 퀴리(Marie Curie), 피에르 퀴리(Pierre Curie), 프랑스
1897년	아스피린	펠릭스 호프만(Felix Hoffmann), 드리저(H. Drieser), 독일
1897년	음극선관	페르디난트 브라운(Ferdinand Braun), 독일
1900년	체펠린 비행선	페르디난트 폰 체펠린(Ferdinand von Zeppelin) 백작, 독일
1900년	유성영화	레옹 고몽(Leon Gaumont), 프랑스
1901년	진공청소기	휴버트 세실 부스(Hubert Cecil Booth), 영국
1903년	동력비행	오빌 라이트(Orville Wright), 윌버 라이트(Wilbur Wright), 미국
1905년	유전학	윌리엄 베이트슨(William Bateson), 영국
1906년	비타민	크리스티안 에이크만(Christiaan Eijkman), 네덜란드 프레더릭 가울랜드 홉킨스(Frederick Gowland Hopkins), 영국
1906년	무선방송	레지널드 페슨던(Reginald A. Fessenden), 미국
1910년	수상 비행기	앙리 파브르(Henri Fabre), 프랑스
1913년	컨베이어 벨트	헨리 포드(Henry Ford), 미국
1914년	소형 카메라	폴 디에츠(Paul Dietz), 미국
1920년	모발건조기	라신 유니버설 모터(Racine Universal Motor) 사
1928년	컬러텔레비전	존 로지 베어드(John Logie Baird), 스코틀랜드
1931년	전자현미경	에른스트 루스카(Ernst Ruska), 독일
1934년	나일론	윌리스 흄 캐러더스(Wallace Hume Carothers), 미국
1935년	녹음기	이게파르벤(IG Farben) 사, 아에게(AEG) 사, 독일
1936년	헬리콥터	하인리히 포케(Heinrich Focke), 독일
1936년	프로그래밍이 가능한 컴퓨터	콘라트 추제(Konrad Zuse), 독일
1938년	핵분열	오토 한(Otto Hahn), 프리드리히 슈트라스만 (Friedrich Strassmann), 리제 마이트너(Lise Meitner), 독일
1939년	제트기	한스 폰 오하인(Hans von Ohain), 에른스트 하인켈(Ernst Heinkel), 독일
1942년	원자로	엔리코 페르미(Enrico Fermi), 미국

연도	개혁/발명	발명가/장소
1942년	수중호흡기	가뇽(E. Gagnon), 쿠스토(J. Cousteau), 프랑스
1946년	전자레인지	퍼시 르바론 스펜서(Percy Lebaron Spencer), 미국
1948년	레코드 판	CBS 사, 미국
1950년	신용카드 (다이너스 클럽)	랠프 슈나이더(Ralph Schneider), 미국
1954년	트랜지스터 라디오	리전시 일렉트로닉스(Regency Eletronics) 사
1954~1957년	피임약	그레고리 핀커스(Gregory Pincus), 콘 록(Kohn Rock), 미국
1954년	원자력 발전소	오브닌스크(Obninsk), 러시아, 2002년에 폐쇄
1954년	태양전지	제럴드 피어슨(Gerald Pearson), 미국
1957년	인공위성(스푸트닉)	러시아
1957년	레이저	고든 굴드(Gordon Gould) 외
1962년	통신위성	벨 연구소(Bell Laboratories), 미국
1963년	카세트테이프 녹음기	필립스(Philips) 사, 네덜란드
1964년	문서처리	아이비엠(IBM) 사, 미국
1967년	위성 항법	미 해군
1969년	인터넷	첨단연구프로젝트국(ARPA), 미국
1969년	마이크로프로세서	마시안 에드워드 호프(Marcian Edward Hoff), 인텔(Intel) 사
1972년	자동차 전화	독일 연방우정국
1976년	초음속 여객기	영국, 프랑스, 2003년에 중단.
1981년	스틸 비디오 카메라	소니(Sony Corporation) 사, 일본
1981년	DOS 운영시스템	시애틀 컴퓨터(Seattle Computer Products) 사, 미국
1982년	인공심장	로버트 자빅(Robert K. Jarvik), 미국
1990년	허블 우주망원경	미국

적용 개혁·마케팅 개혁

우리의 경제사는 변화하는 세계에 적시에 적응하지 못하는 기업들의 사례로 가득하다.
그리고 몰락한 기업으로 가득 찬 드넓은 묘지 위에 그들의 비석이 놓일 것이다.
– **월터 리스턴** (미국의 은행가)

당신의 기업 활동과 제품을 고객의 요구에 특수하게 맞춘다면 적용 개혁을 이룰 수 있다. 예를 들어 등이 켜진 상태에서 하차하는 경우, 이를 알리는 경보기를 자동차에 장착하는 사람은 엔진 시동력에 대한 고객의 요구를 자동차에 적용시키는 것과 같다.

적용 개혁을 모방과 혼동하지 말라. 모방은 다른 기업에게 성공을 안겨준 해결방안을 그대로 따라하는 것일 뿐이다. 또한 실제로 유용성을 개선시키지 않는 가상 개혁과 혼동하지 말라.

특히 제약 회사들은 기존에 존재하는 물질을 변형시켜 값비싼 신개발 약품을 개발하여 시장에 선보임으로써 이러한 가상 개혁을 이용하는 경우가 많다. 이러한 현상에 대해 약리학자 페터 쇤회퍼 (Schönhöfer)는 다음과 같이 말한다. "매년 제약 회사들은 약 40여 종의 신약물질을 소위 개혁이라며 시장에 내놓는다. 그러나 의학 분야에서 치료가능성을 확대시킨 진정한 개혁에 속하는 신약물질은 1992년부터 정확히 4개뿐이다. 그 외 3개의 신약물질의 경우 진정한 치료 발달연구가 제약 회사가 아닌, 임상연구를 통해 이루어졌다. 이것이 의미하는 것은, 이 신약물질이 원래 퇴치 목적이었던 질병 외의 다른 질병에도 효과가 있다는 사실이 인식되었다는 것이다. 말하자면 12년 사이에 일곱 건의 개혁이 이루어졌을 뿐이다. 그러나 이 기간 동안 480개의 신약물질이 가상 개혁으로서 시장에 신보였다."

생산공정 개혁

개혁하는 능력이 우리의 운명을 결정한다.
- 로만 헤어초크 (독일의 정치가)

독일은 지금까지 제품 개혁을 중요시해 왔다. 반면 일본 기업들은 훨씬 이전부터 린(Lean)경영과 같은 생산공정 개혁에 주력했다. 바로 이러한 개혁은 독일 경제에서도 매우 중요한 의미를 갖는다. 현재 독일 경제에서 서비스 부문이 국민총생산의 70퍼센트를 결정하기 때문이다.

그러므로 연금술사로서 당신이 기업의 개혁 과정을 통해 보다 높은 가치를 창출하고자 한다면 생산공정을 어떻게, 어디서 최적화시킬 수 있는지, 혹은 그것을 새로 구성할 수 있는지를 고려해야 한다. 예를 들어 많은 기업들은 고객을 위해 특정 제품을 생산하는 연구 개발인과 직접적인 접촉을 유지함으로써 고객과의 의사소통을 현저히 개선시킨다.

사회적 개혁과 조직체계적 개혁

너희들이 강자를 무력하게 만든다고 해서 약자를 강하게 만들지는 못할 것이다.
- 요한 하인리히 페스탈로치 (스위스의 교육학자)

이미 제1장에서 연금술사로서 당신은 당신의 주변 사람들과 기꺼이 교류하며 가치를 창출하는 기업의 토대를 마련하는 방법을 습득했다. 사회적 영역의 개혁을 통해 직장에서의 만족감이 높아지며, 직원들이 기업을 자신의 기업으로 여기는 정신적 풍토가 조성된다.

이러한 풍토에서 그들은 창의성을 키우고, 제품 및 생산공정 개혁, 품질개선을 가능하게 한다. 또한 비용절감 효과를 가져올 수 있다.

그러나 일부 기업들이 직원에 대한 배려를 제대로 하지 않는다는 보고를 지난 몇 년에 걸쳐 수없이 들어왔다. 연금술사로서 당신은 다르게 행동하라. 기업의 인간관계와 기업문화를 촉진시키라. 모든 직원들은 "기업"이라는 총체적 시스템을 함께 짊어진다. 기업의 연명은 공동의 기본가치, 구속적인 규범, 전통적 규율과 인간관계를 토대로 한다. 신뢰와 책임, 존경의 가치덕목을 기업 내에 구축하라. 사회적 및 조직체계적 개혁은 양적으로 표현되지는 않지만 매우 큰 효과를 지닌 개혁이다.

이에 대한 좋은 사례로 뉘른베르크 시의 쉰들러호프(Schindlerhof)라는 호텔 및 식당을 꼽을 수 있다. 쉰들러호프는 1999년과 2000년에 회의장소로서 독일 최고의 호텔로 선정되었다. 호텔 설립자인 클라우스 코브욜(Klaus Kobjoll)을 비롯한 그의 직원들은 고수익의 기업을 창출해 냈다. 모든 직원들이 합심하여 자신들의 기업을 형성한 것이다. 이 호텔의 최고 신조는 손님으로서의 인간과 직원으로서의 인간이었다.

이러한 신조는 다양한 측면에서 관찰된다. 쉰들러호프의 모든 직원들은 기업의 온갖 수치와 편차에 대한 정보를 규칙적으로 얻는다. 바로 전날 밤을 포함한 판매액이 매일 아침 8시에 직원게시판에 게재된다. 이로써 모든 직원들이 기업의 현 위치를 정확하게 파악하게 된다.

또한 매 3~4년마다 직원들에게 정기적으로 설문조사를 실시하여 기업의 목표를 새롭게 설정한다. "직원들의 의견을 무시한 채 장기적인 목표를 설정할 수 없다"는 것이 쉰들러호프의 기업문화이기 때문이다.

모든 직원들이 합심하는 모습은 제안제도에서도 나타난다. 70명의 직원들은 매년 1,200여 건의 서면 개선안을 제안한다. 호텔 지배인은 다음과 같이 말한다. "개선안을 제안할 수 있는 최적의 사람은 바로 현장에서 일하는 직원뿐이다." 당신의 직원들 중 한 사람에게라도 방해가 되는 요소는 동시에 당신의 기업에도 해를 끼친다. 활발한 건의제도를 통해 모든 팀 구성원들은 자신들의 일자리를 최적화시키는 데 동참하게 된다. 그러므로 경영진은 모든 직원들에게 매달 한 가지 제안을 제출할 수 있도록 격려한다.

또한 임금의 측면에서도 쉰들러호프는 혁신적인 모습을 띠고 있다. "우리는 직원들이 스스로 책정한 희망임금을 지급하고 있다. 물론 희망임금 산정은 꼼꼼히 이루어져야 하며, 지금까지의 임금이 충분히 고려되어야 한다. 우리는 업계 평균치의 거의 두 배에 달하는 수익을 거둬들일 능력이 있다. 결국 임금을 지급하는 사람은 사장이 아니라 고객이다. 이 사실을 모든 직원들에게 명확히 해야 한다."

새로운 개발: 영감에서 제품이 생산되다

모든 경영학 및 기술 개념과 방법에서도 정열을 잊지 않도록 한다.
– 클라우스 코브욜 (호텔 경영인)

수많은 문헌들은 개혁과정에 대한 갖가지 설명과 본보기, 모델을 제공한다. 여기서 우리는 아이디어를 가공하고 실행에 옮기는 일은 항상 유사하게 진행된다는 사실을 알 수 있다.

대부분의 장애는 내부 문제나 수요, 혹은 시장의 압박, 현재 상태와 표준 상태 사이의 괴리 등에서 생성된다. 우선 당신은 시장—기업—성공이라는 긴장관계 속에서 개혁의 아이디어를 수집하라. 이를 위해서 당신은 일에 대한 기쁨과 즐거움을 가져야 한다.

연금술사로서 당신은 당신의 팀과 공동으로 현재와 미래를 위한 안정적인 토대를 세우고자 한다. 이때 혁신적 경영은 핵심적인 역할을 담당한다. 기업의 주어진 상황을 정확하게 파악하고, 풍요로운 아이디어와 기업의 자기치유력을 촉구하라. 고객의 요구나 개선이 필요한 부분에 대한 필수적인 정보를 가져오는 사람은 외부 자문인이 아니라 바로 기업 내의 사람들이다.

아이디어를 수집하는 일에 착수한다면 바로 이 사실을 명심하라. 마지막으로 당신은 적절한 수단을 사용하여 수집된 아이디어 중 몇 개를 선별하라.

선별된 아이디어를 통해 개혁을 실행하기 위해서는 항상 이정표를 세우는 것이 가장 좋다. 개별 단계마다 각각 목표를 설정하는 것이다. 만약 당신이 정한 규칙을 실행에 옮기지 못하리라 짐작된다면 언제든지 이를 중단할 수 있다는 사실을 명심하라. 반대로 당신의 신개발이 실효를 약속한다면 무조건 이를 실행에 옮기라.

당신의 아이디어 과정을 세 단계로 분류하라.

1. 아이디어 발굴

2. 아이디어 수용

3. 아이디어 실행

아이디어 발굴

새로운 아이디어의 발달 역사를 추적해 보면 비웃음의 기간이 절대로 빠지지 않는다.
– 오노레 드 발자크 (프랑스의 소설가)

아이디어를 발굴하는 방식에는 두 가지가 있다. 하나는 즉흥적인 사고나 불현듯 떠오른 영감을 계속 전개시키는 것이며, 다른 하나는 팀에서 창의적인 기술력을 동원해 아이디어를 생산하거나, 일상생활을 주의 깊게 관찰하는 개인으로부터 얻는 것이다.

기원후 1세기에서 2세기로 이행되는 시기에 중국 사람들이 종이를 발명했다. 종이가 없었다면 책도, 신문도 존재하지 않을 것이다. 그러나 자연과학자들의 발견으로 비로소 오늘날 인쇄매체와 사무실에 필요한 종이의 대량 인쇄가 가능할 수 있었다. 르네 레오뮈르(René Réaumur)는 나무로 종이를 만들 수 있다고 생각했다. 레오뮈르의 아이디어는 누구의 덕분인가? 아울러 현대문명은 이러한 발견을 누구의 덕으로 돌려야 하는가? 바로 종이를 최초로 발명한 당사자일 것이다. 말하자면 그 당사자는 중국인이 아니라 바로 말벌이다. 말벌은 건조한 나무를 갈은 후 침을 사용해 섬유질을 "종이"로 만든다. 이렇게 말벌은 물이 새지 않으며 아주 안정적인 둥지를 만든다.

공개된, 그리고 감추어진 기존의 지식을 활용하고, 새로운 아이디어를 실행에 옮기는 기업의 능력은 아이디어를 발굴하는 능력과 이를 개혁에 옮기는 능력과 밀접하게 연관되어 있다. 기업에 존재하는, 예를 들어 보고서나 연수, 문서보관소, 기획 및 구성안 등의 시스템에 의례적으로 반영되어 있는 지식과 경험은 "공개된 지식"이다. "감추어진 지식"은 개인적인 경험과 지식, 사고, 말하자면 직원들의 머리와 가슴 속에 존재한다. 이 지식은 계기가 있을 때에만 출현하며, 형식적인 의사소통 시스템에서 표출되기가 어렵다. 그러므로 경험을 교환하는 자리를 마련하거나 교육 및 양성집단을 형성하여 모든 직원들 사이의 접촉을 활성화시키라. 그렇게 하면 당신은 직원들이 감춰진 지식을 표출하고 이를 모두가 접근할 수 있는 원천으로 이끄는 분위기를 조성할 수 있다.

새로운 아이디어를 추구하는 과정에서 모든 직원들에게 다음과 같은 질문을 하라. "내가 새롭게 만들 수 있는 것은 무엇인가? 어떻게 나는 달라질 수 있는가?" 또한 다음과 같은 역설적인 질문을 하라. "어떻게 하면 나는 모든 고객들을 잃게 되는가?" 그 다음 그에 대한 역질문을 하라. "어떻게 하면 고객들을 유지할 수 있는가?" "고객을 대할 때 내가 범하는 가장 큰 오류는 무엇인가? 나의 고객이 원하지 않는 것은 무엇인가?"

클라우스 코브욜의 쉰들러호프 호텔은 관리인과 청소부를 포함한 모든 직원들에게 명함을 나눠주는 아이디어를 고안했다. 현재 모든 직원들은 자긍심을 느끼며 쉰들러호프를 자신의 기업으로 생각하고, 최고의 대사 노릇을 톡톡히 하고 있다. 심지어 관리인도 자신의 임금협상을 호텔 측과 함께 결정하며, 호텔의 예산을 절약함으로써 기업 전체의 수익에 관여한다. 이를테면 매년 특정 금액이 호텔 관리 영역의 외국인 노동비로 책정된다. 호텔관리인은 이 금액을 모두 사용하지 않고 자신이 일을 직접 인수한다. 그리고 그는 절감된 비용의 20퍼센트를 지급받는다.

아이디어 발굴 과정을 구조화시키는 데 유용한 창의적 접근방식은 여러 가지가 있다. 이 방식들의 공통된 기본규칙은 일단 아이디어를 수집한 후 평가한다는 것이다. 다음에 기술된 내용에서 몇 가지 방법을 습득할 수 있다.

브레인스토밍(Brainstorming)

이 방법은 1953년 미국의 알렉스 오스본(Alex F. Osborn)이 개발했다. 브레인스토밍 과정에서 연금술사로서 당신은 한 가지 주제를 선정한 후 이에 관한 아이디어와 해결방법을 찾는다. 이를 위해 당신은 강요에서 벗어난 집단 역학적인 분위기를 조성하라.

브레인스토밍 방식을 적용할 때 다음의 규칙과 조건을 유념하라. 직원들의 바이오리듬이 저조하지 않은 시간대를 선택하라. 이를테면 9시에서 13시 사이나 16시에서 20시 사이가 가장 좋다. 모든 직원들이 방해받지 않은 채 의견을 발표하고 자유롭게 연상할 수 있도록 하라. 그리고 당신은 코멘트와 수정안, 비판을 제공하라. 또한 모든 직원들이 그들의 지식을 표출할 수 있도록 경쾌한 분위기를 조성하라. 그들은 다른 사람들에게 연상 작용을 일깨울 수 있을 것이다. 직원들에게 떠오르는 착상에 규제를 가하지 마라. 그리고 그들

스스로 문제의 해결방안을 찾을 수 있도록 방향을 설정하라. 당신이 조기에 특정 해결책을 제시한다면 대안적 방안을 찾기가 더욱 어려워질 것이다.

오스본 체크리스트

알렉스 오스본은 문제해결을 위해 자신의 이름을 딴 체크리스트를 개발했다. 이 리스트는 당신이 문제해결을 위해 기존의, 혹은 지금까지 개발된 아이디어를 출발점으로 하여 창의적인 작업을 할 수 있는 아홉 가지 제안을 담고 있다.

1. 다른 용도로 사용할 수 없을까?: 다른 방법 적용하기

2. 적용할 수 있을까?: 모방하기, 유사성 찾기

3. 변경할 수 있을까?: 색과 형태, 소리 등 특성 변경하기

4. 확대할 수 있을까?: 확대하기, 첨가하기, 보다 신속히 처리하기

5. 축소할 수 있을까?: 축소하기, 제거하기, 보다 천천히 처리하기

6. 대체할 수 있을까?: 다른 재료와 다른 구성물 사용하기

7. 재정렬할 수 있을까?:위치 바꾸기, 새롭게 분류하기, 다른 방식으로 조합하기

8. 반대로 할 수 있을까?:우회하거나 회전하기, 다른 측면에서 바라보기, 샅샅이 조사하기

9. 결합할 수 있을까?:조합하기, 혼합하기

메타플랜 테크닉

메타플랜(Metaplan) 테크닉의 도움으로 이상적인 토론 형태를 만들어라. 가장 중요한 내용은 눈에 잘 띄도록 다양한 형태와 색깔을 사용하여 종이에 기입하라. 이렇게 하면 수집된 혁신적 아이디어의 목록이 보기 쉽게 분류될 수 있다.

마인드맵

마인드맵(Mind-Map)은 1970년대 초에 영국의 토니 부잔(Tony Buzan)이 처음으로 소개했다. 이 방법의 기본원칙은 정보를 좌측 상단에서 우측 하단에 이르는 체계적인 순서로 기입하는 것이 아니라, 핵심 개념을 종이의 중앙에 적고 주변으로 확대시키면서 기입하는 것이다.

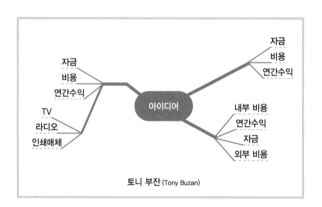

토니 부잔 (Tony Buzan)

점진적 추상화법

점진적 추상화법(Progressive Abstraction)으로 당신은 문제점의 상위 범주를 인식할 수 있다. 이 방법을 사용하여 문제의 잠정적 정의가 현재의 정황을 파악하고 있는지의 여부, 혹은 문제를 해결할 근본적이며 광범위한 방안을 찾을 수 있는지의 여부를 검토하라.

1. 출발점으로 문제점 서술하기

   예) 우리는 어떻게 상품생산 시간을 줄일 수 있는가?

2. 문제점을 새롭게 서술하기

   "무엇이 문제인가?"라는 질문을 제기하고 상위 범주에 접근하라. 근본적 문제로부터 이탈하지 않기 위해 가능한 한 특수한 표현기법을 사용하라.

   예)우리는 왜 우리 공급자의 공급시간대를 예측하기가 어려운가?

3. 새로운 해결책 추구

   새로운 해결책을 찾음으로써 당신은 보다 고차원적인 추상단계에서 문제점을 새롭게 표현할 수 있다.

   예)어떻게 우리는 공급자가 생산에 필요한 원료를 제때 조달하도록 할 수 있는가?

4. 반복

   당신이 최고의 추상단계에 도달할 때까지 이 과정을 계속 반복하라.

   예)제시간에 원료를 공급해 주는 업체를 어디로 선정할 것인가?

형태분석법

형태분석법은 스위스의 천문학자 프리츠 츠비키(Fritz Zwicky)가 개발했다. 이 방법은 문제를 부분적 관점으로 구분하여 각 부분의 특성과 형태변화를 도표로 표현한다. 이 표에서 당신은 모든 부분을 체계적으로 결합시킬 수 있다. 이렇게 하여 수많은 새로운 개선 방안을 발견하게 된다.

6-3-5 방법

6-3-5 방법은 다음과 같다.

여섯 명의 참가자들이 5분 동안

세 가지 아이디어를 종이에 쓰고, 이 아이디어를 총

다섯 배로 늘린다. 그 후 토론을 한다.

시네틱스법

시네틱스법(Synetics)은 아이디어 창출과정을 다음과 같은 단계로 분류한다.

1. 문제의 집중탐구

　　1.1. 문제의 분석과 정의

　　1.2. 해결방안에 대한 자유발언

　　1.3. 문제를 새롭게 서술

2. 문제를 객관적으로 관찰

　　2.1. 본능에 따른 직접 유추

　　2.2. 개인적 유추

　　2.3. 상징적 유추

3. 사고 결합하기

3.1. 직접 유추의 분석

3.2. 문제에 전이

4. 해결의 실마리 전개

문제의 종류와 팀 구성원의 조합에 맞추어 위의 순서를 변경하거나 개별 단계를 생략할 수 있다. 이 방법의 기본원칙은 다음과 같다. "낯선 것에 익숙해지라. 익숙한 것을 낯설게 여기라." 이러한 원칙으로부터 당신은 예상치 못한 새로운 해결의 실마리를 전개시킬 수 있다.

시각적 시네틱스

시각적 시네틱스로 당신은 문제를 객관화시킬 수 있다. 이로써 다른 시각으로 문제를 바라보고 독특한 아이디어를 발견할 수 있게 된다. 문제해결의 목표를 설정하라. 그런 다음 팀 구성원 한 명이 약 20개의 그림과 사진, 슬라이드, 초안을 담은 파일을 준비한다.

핵심어 분석법

핵심어 분석법의 예는 다음과 같다.

1. 문제제기

   200킬로그램의 육중한 장롱을 벽에 사방으로 탄탄하게 고정시키는 간단한 방법은 무엇인가?

2. 문제를 객관화시키는 핵심어 선정하기: "새"

3. 핵심어 분석하기

   a)새는 공중을 날아다닌다.

   b)새는 날개가 있다.

   c)새는 발톱이 있다.

   d)새는 뾰족한 부리가 있다.

   e)새는 시력이 좋다.

4. 문제 관계 설정 및 해결책 강구하기

   a)에 대해: 우리는 장롱의 하단에 에어쿠션을 장착할 수 있다. 공기를 조절함으로써 우리가 원하는 높이를 설정하여 장롱을 정확히 나사로 고정시킬 수 있다.

   b)에 대해: 아이디어 없음

   c)에 대해: 장롱의 뒷면과 벽에 접착밴드를 장착한다. 이로써 장롱을 벽에 부착시킬 수 있다.

   d)에 대해: 장롱의 무게중심 위쪽에 튼튼한 철사를 달아 매단 후 고정시킨다. 설치를 하는 동안 장롱이 평형을 이루는지를 측정하는 수평계를 사용한다.

   e)에 대해: 아이디어 없음

이러한 방법을 사용하여 당신은 당신의 기업을 비롯해 공급처와 고객, 데이터뱅크나 전문지에서도 아이디어를 발굴할 수 있다. 보다 개방적이고 인간적일수록, 위계구조가 덜 심할수록 성공가능성은 높아진다.

아이디어 검토하기

체계적이며 구조적인 형태의 아이디어를 모두 수집했다면 즉시 이를 정리하고 비교해야 한다. 이때 무엇보다도 가장 중요한 질문은 다음과 같다. 이 아이디어들이 당신의 기업과 고객의 요구와 문제점을 해결할 의미 있는 제안을 담고 있는가? 이에 대한 대답을 위해 평가에 사용될 고정 매개변수를 미리 설정하라. 그리고 평가과정이 진행되는 동안 이 매개변수를 바꾸지 마라. 그래야 당신은 앞으로도 객관적인 비교와 판단을 할 수 있다.

아이디어를 내부 및 외부의 관점에서 평가하라. 내부적으로는 다음과 같은 질문을 제기하여 평가를 실행하라. 우리는 필요한 재정적, 기술적 자원을 소유하고 있는가? 우리는 아이디어를 개발하고 시장에서 이를 실행에 옮길 충분한 직원들을 보유하고 있는가? 반면 외부적으로는 시장의 규모와 미래적 전망, 시장통제에 대해 평가한다.

가장 큰 성공을 약속하는 아이디어를 실행에 옮기고 이를 계속 추구하라. 새로 얻은 지식을 조직 안으로 끌어들여 기업의 모든 사람들이 공동으로 이 지식을 활용할 수 있도록 하라. 이를테면 지식 혹은 개혁 데이터뱅크를 작성하는 것이다.

아이디어 평가와 선정

최고의 아이디어들을 선별했다면 이제 이 아이디어를 정확하게 평가해야 한다. 이를 위해 당신은 평가기준 목록을 작성할 수 있다. 그러나 당신의 직감 역시 무시되어서는 안 된다.

도이체방크의 대변인을 지낸 힐마 코퍼와의 인터뷰 내용

"지난 10년에서 20년간 당신이 직책을 맡는 동안 섬세한 위기의식을 어느 정도 느끼지 않았습니까?"

"네, 무엇보다도 이러한 섬세한 감각을 사고과정 내내 배제하려고 했던 경우에 그러했습니다. 가끔은 이런 경우도 있죠. 이를테면 오래 생각할수록 적절하지 못한 결정이 내려질 가능성이 높습니다. 나의 첫 번째 직감이 옳았던 경험을 수차례 겪었습니다."

기업회생을 담당하는 팀은 시간이 흐르면서 서로 호흡을 맞추었으니 이제 아이디어를 평가하는 일을 수행해야 한다. 부적절하거나 피상적인 평가로 성공을 기약하는 아이디어를 거부하고 잘못된 아이디어를 실행하는 등의 중대한 실수를 피하도록 하라. 개혁은 모든 요인을 하나로 결합시킨다. 만약 당신이 진로를 잘못 설정한다면 당신의 기업은 치명적인 오류를 감수해야 한다. 그러므로 당신의 아이디어를 다른 개혁전문가들로부터 검토받도록 하라. 개혁전문가는 당신의 아이디어를 적절하게 평가하는 데 적합한 사람이어야 함을 명심하라.

아이디어 선정

마지막 단계에서 당신이 어떤 아이디어를 선정하는지를 결정하는 것은 팀이 아니라 경영진이다. 그들은 또한 경제적 성공과 실패에 대해 전적인 책임을 떠맡는다. 그러므로 연금술사로서 당신은 당신의 기업경영진이 능력과 지혜를 갖춘 아이디어를 선별할 수 있도

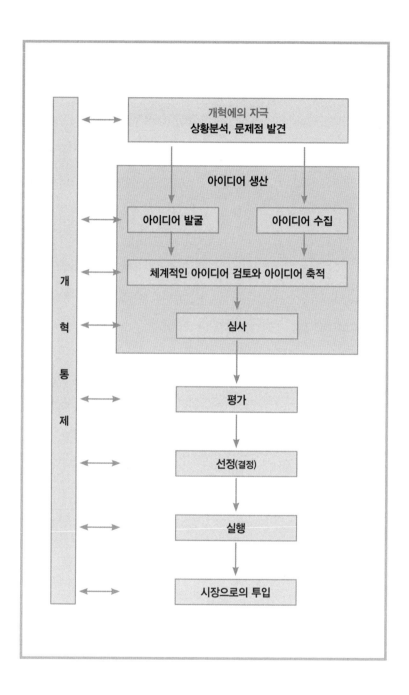

록 하라. 여기서 오류를 발견했다면 그에 맞는 조치를 취해야 할 것이다.

경영진이 결정을 내렸다면 프로젝트 추진팀장을 비롯한 팀원은 아이디어를 실행에 옮긴다. 반면 작은 규모의 개혁은 기존의 구조와 과정의 범주 안에서 전개시킬 수 있다. 당신은 성공적으로 실행에 옮겨진 아이디어를 상품이나 생산과정으로서 시장에 도입시키는데, 이로써 시장순환이 시작된다.

제품에 대한 아이디어를 바꾸다: 총체적인 혁신경영

미래를 생각하지 않는 사람은 아무것도 갖지 못한다!
– 존 골즈워디 (영국의 작가)

일반적으로 개혁과정은 다음과 같은 기본절차에 따라 진행된다.

1. 창조단계: 아이디어 발굴, 수집, 선정
2. 개혁 초안 작성
3. 개혁 평가
4. 개혁 실행
5. 개혁을 시장에 도입
6. 개선안 타진

연금술사로서 당신은 항상 모든 과정을 예의주시해야 하며, 이때 각 단계마다 모든 직원들에게 지속적으로 영감을 불어넣는 일이 무엇보다도 중요하다. 모든 제품과 업무능률, 생산과정을 하나의 목표에 초점을 맞출 수 있도록 당신의 직원을 지원하라.

혁신경영에서 무엇보다도 유념해야 할 사항은 다음과 같다.

인간다움

개혁은 인간으로부터 생성된다. 개혁에 친근한 기업문화는 신뢰와 지구력의 토대 위에서 만들어지고, 창의력을 촉진시키며 불공정한 행태를 제거한다. 그러므로 처음부터 당신의 기업과 기업문화, 직원을 모든 면에서 개발시키라. 개별 과정의 투자와 지식만으로는 충분하지 않다. 기업 전체를 고차원적인 수준으로 끌어올리고 기업을 시대경향에 발맞추도록 만들라. 이를 위해서는 기술력을 비롯해 무엇보다도 열정과 공감, 인간다움, 친밀성이 요구된다.

도구

당신의 직원들은 개인적인 책임의식을 느껴야 한다. 그리고 경영학적 관련범주를 이해하고 전문지식을 습득해야 한다. 그러므로 기업 내에 학습문화를 조성하라. 워크숍을 개최하고, 창의력 개발과 체계적인 프로젝트를 활용하라.

특히 직원들의 개발이 부진한 곳에서 교육과 양성, 전문지식을 촉구하라. 이렇게 획득된 새로운 지식은 추후 진정한 개혁을 발견하고 실행에 옮기는 과정에서 유용하게 작용할 것이다.

개혁의 척도

게리 하멜(Gary Hamel)은 개혁을 위해 매우 중요한 기본원칙을 설정했다. 즉 기업은 절대로 기대치를 넘어서지 않는다는 것이다.

물론 지나치게 높이 설정된 목표는 사기를 떨어뜨릴 수 있다. 당신이 5에서 6퍼센트의 연수익률을 가져오는 새로운 해결방안을 찾는다면 그만큼의 성공에만 도달하게 된다. 그러므로 다른 척도를 생각하는 법을 배우라. 그리고 혁명을 추구하라.

이때 명확한 목표와 전략을 세우는 것이 중요하다. 많은 기업들이 이 점에서 명확성과 근본적인 것에 대한 집중이 결여되어 있다.

개혁을 위한 정보기술력

기업의 개혁을 전개시킬 수 있는 시간과 자본을 마련하라. IT 영역은 개혁과 영감의 윤활유 역할을 한다. 정보와 흥미로운 프로젝트, 제품이 유통되는 열린 시장을 만들라. 개혁을 추진하는 직원들은 이곳에서 우수한 동료와 필요한 자본을 발견할 것이다. 기업 전체에 걸쳐 부서와 직위를 뛰어넘어 참된 개혁의 파트너십을 가능하게 하는 IT 정보망을 설치하라.

경영과정

리엔지니어링(Re-Engineering)과 린 경영(Lean Management)은 1990년대에 중점 사업부문을 효과적으로 전개시킬 수 있도록 했다. 그럼에도 불구하고 많은 기업의 경영문화에는 거의 변화가 없었으며, 케케묵은 위계질서 역시 여전히 지배적으로 남아 있다. 위계질서는 권력 상실에 대한 두려움과 업무를 방해하는 분위기를 낳기 때문에 변화와 개혁과는 적대적인 관계이며, 따라서 개혁을 가로막게 마련이다.

한 대기업의 본사 앞에서 직원들이 갓난아기가 누워 있는 작은 바구니를 하나 발견했다. 그들은 아기의 기저귀를 갈아주고 아기를 돌봐 주었다. 인사부서는 조사팀을 결성하여, 이 아기가 혹시 사내 직원들 사이에서 태어난 것이 아닌가라는 미묘한 문제를 규명하기로 했다. 몇 달이 지나 결과가 발표되었다. 대답은 확실히 "아니다!"였다. "이 아기는 우리 직원들 사이에서 태어났을 리가 없다. 왜냐하면 본사에는 지금까지 두 사람이 긴밀하게 협력하여 일한 적이 없기 때문이다. 게다가 우리는 사랑과 열정과는 아무런 관계가 없다. 그러나 만약 우리 회사에서 무언가가 탄생한다면 아마도 그것은 불완전할 것이다. 게다가 아홉 달 후에 완성될 리가 없다. 더욱이 간부들이 무언가를 내놓을 리는 없다. 그들은 새로운 것을 전혀 포착하지 않기 때문이다.

오랫동안 자리를 지키고 있는 사람들은 기존의 구조를 유지하고 이미 익숙한 사고 및 업무 모델을 따르려는 경향을 갖고 있다. 그들은 개혁적인 것, 혹은 급진적인 것을 전혀 생각하지 못한다. 그러므로 기업의 핵심적 경영과정을 검토해야 한다. 특히 다음 사항을 유념하라.

★ 전략적 계획

★ 임금

★ 경영진 트레이닝

★ 제품개발

위의 과정에 대해 새로운 사고방식을 도입하라. 이를테면 임금 시스템이 신제품을 개발할 만한 매력을 제공하지 못하며, 이에 따라 개혁 발달이 저해되고 있는가? 당신의 기업에서 상품개발이 의미가 있는가? 어떤 측면에서 공급업체 혹은 고객을 제품개발에 조화시킬 수 있을까? 개별 직원들의 경험을 다른 직원들에게 전이시키는 방법은 무엇인가? 당신이 기업을 얼마나 성공적으로 개혁할 수 있는지의 여부를 결정하는 것은 개별 과정이 아닌, 기업의 전체 시스템이 어떻게 조화를 이루는지에 달려 있다.

미래는 개혁을 필요로 한다

우리는 자신에게 묻는다. 내가 모든 면에서 훌륭한 능력을 지닌다면 나는 누구이겠는가? 또한 당신이 아무런 능력이 없다면 당신은 누구이겠는가? - 넬슨 만델라

다음의 질문에 대해 솔직하게 대답하시오.

★ 당신의 기업은 개혁적 아이디어를 지닌 사람의 의견을 수용하고 있는가?

★ 당신은 직원에게 투자를 하고 있는가, 직원교육의 가능성을 제공하고 있는가? 또한 개혁을 실행하기 위해 필요한 도구를 마련하고 있는가?

★ 당신은 개혁을 적용할 시장을 점유하고 있는가?

★ IT 시스템이 개혁을 지원하고 있는가?

★ 당신은 당신의 핵심적 경영과정이 개혁을 허용하는지의 여부를 검토했는가?

★ 당신의 기업은 점진적인 개선을 선호하는가, 아니면 비약적인 개선

을 선호하는가?

★ 당신은 개혁을 위한 시간과 자본을 마련하고 있는가?

★ 당신은 가치유지와 최적화에 초점을 두고 있는가, 아니면 개혁과 가
치창조에 초점을 두고 있는가?

★ 당신의 기업에는 모두가 공유하고 있는 윤리적인 기본규칙이 존재
하는가?

★ 당신은 아이디어와 개선안을 논리적이며 진지하게 평가할 준비가
되어 있는가?

개혁의 평가요소

세상을 바꾸라. 세상은 변화를 필요로 한다.
– 베르톨트 브레히트 (독일의 극작가)

가능한 한 비용의 손실을 줄이고 이익을 가져오기 위해서는 수
익성 분야에도 개혁을 실행해야 한다. 개혁 프로젝트와 기술을 투입
시키기 전에 당신이 지닌 새로운 아이디어를 꼼꼼하게 평가하는 일
은 무엇보다도 중요하다.

당신의 계획을 이런저런 관점에서 두루 살펴보라. 시장과 기술
력, 능력과 자본 등의 요소를 적절한 기준을 사용하여 분류하라. 그
리고 이렇게 분류된 사항을 구조적인 평가시스템에 결합시키라. 이
렇게 함으로써 당신은 모든 사항을 목표에 맞게 통일적으로 평가할
수 있다. 이를 통해 당신은 가시화된 일련의 지표를 결과로 얻을 수
있다.

개혁이 기업의 성공에 얼마나 기여를 하는지는 아래의 사항에 근본적으로 좌우된다.

★ 당신은 개혁을 통해 시장에서 얼마나 이익을 가져올 수 있는가, 그리고 당신의 기업 이미지가 얼마나 개선될 수 있는가?

★ 당신은 개혁을 통해 기업의 비용을 얼마나 절감할 수 있는가, 그리고 시너지 효과를 얼마나 실현시킬 수 있는가?

★ 당신은 경쟁업체의 모방으로부터 개혁을 얼마나 보호할 수 있는가?

당신의 기업의 개혁 상품이나 서비스가 시장가능성을 가지고 있는지의 여부를 판단하려면 다음의 요소들을 고려하라.

★ 당신의 개혁은 부가가치를 제공하는가? 당신의 고객은 새로운 상품에 대해 지금보다 더 많은 금액을 지불할 것인가?

★ 당신의 개혁 상품이나 서비스는 어느 정도의 시장성을 가지고 있는가? 상품의 수명 주기가 점점 짧아지는 시대에 신속하게 개혁을 시장으로 도입해야만 성공이 기대될 수 있다. 당신의 경쟁업체나 모방업체보다 먼저 시장에 나아가 기업의 개발비용과 수익을 거둬들이고, 당신의 기업이 시장에서 차지하는 위치를 견고히 하여 새로운 입지를 마련하라.

★ 당신의 저작권이 침해당하지 않도록 안전한 조치를 취했는가? 당신의 지적재산을 특허나 지적재산권, 상표권 등으로 보호한다면 당신의 개혁을 모방하려는 경쟁업체들을 저지할 수 있다.

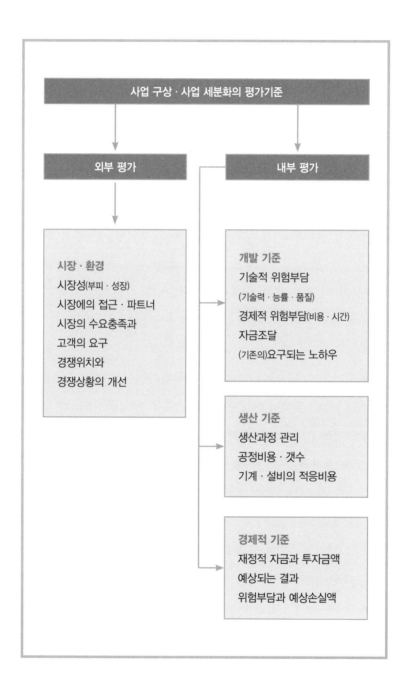

사업 구상 · 사업 세분화의 평가기준

외부 평가

내부 평가

시장 · 환경
시장성(부피 · 성장)
시장에의 접근 · 파트너
시장의 수요충족과
고객의 요구
경쟁위치와
경쟁상황의 개선

개발 기준
기술적 위험부담
(기술력 · 능률 · 품질)
경제적 위험부담(비용 · 시간)
자금조달
(기존의)요구되는 노하우

생산 기준
생산과정 관리
공정비용 · 갯수
기계 · 설비의 적응비용

경제적 기준
재정적 자금과 투자금액
예상되는 결과
위험부담과 예상손실액

★ 당신은 마케팅 예산을 고려하고 있는가? 우수한 마케팅 팀과 영업팀을 고용하고 있는가? 모든 영업통로와 좋은 관계를 유지하고 있는가? 당신의 개혁을 성공적으로 시장에 도입하기 위해서는 신상품 혹은 새로운 서비스의 홍보 역시 매우 중요하다. 당신의 개혁 아이디어를 기업의 업무프로그램과 구조 안으로 편입시키라. 마케팅 자금을 사용할 수 있는 한도 내에서 충분히 활용하라. 제한된 생산시설과 자금을 어떻게 분류할지 규정하라.

개혁과 전략

개혁 없는 전략은 완전한 무용지물이며,
전략 없는 개혁 역시 목표의식이 완전히 결여되어 있다. – 존 카오 (경제학자이자 재즈피아니스트)

당신의 기업 전략을 토대로 철저한 평가를 시행하라. 그렇다면 기업의 전략과 이로부터 파생되는 하부전략들이 개혁과정의 지반을 마련해 줄 것이다. 당신이 기업의 기본 전략을 변경한다면 개혁경영 전체에 영향을 미칠 수 있다.

여기에 한 가지 일반적인 애로사항이 존재한다. 즉 경영진만이 전략을 알고 있는 경우가 많다는 것이다. 그들은 전략에 대해 샅샅이 기록을 해놓지 않으며, 직원들과 제대로 상의하지도 않는다. 반면 개혁적 기업에서 개혁은 간부직의 사안만이 아니며, 기업 전체가 개혁을 수행한다. 모든 직원들이 각자 자신이 맡은 곳에서 전략을 실행에 옮기며, 그들 스스로 개혁과정을 개진시킨다.

기업전략을 전개시키기 위해 당신은 다양한 수단을 사용할 수 있다. 무엇보다도 다음과 같은 방책은 중요한 의미를 갖는다. 이를 테면 개혁에 관한 포트폴리오를 작성하는 것, 업무분야를 개혁의 관점에서 분석하는 것, 그리고 개혁에서 또 다른 개혁을 어떻게 유도할지에 대해 기록하여 개혁의 토대를 견고히 하는 것이다. 또한 고액의 보수를 지불하여 까다로운 기업 개혁과정을 조직화시키는 일을 담당하는 수많은 자문단의 도움을 얻을 수도 있다.

이러한 방법들 모두 뛰어난 효과를 발휘한다. 그러나 여기서 한 가지 유념해야 할 것이 있다. 즉 직원들이 이러한 전략적 수단을 감당할 능력이 있을 때에만 실행에 옮겨야 한다. 연금술적 의미에서의 개혁정신이 당신의 기업을 이끌어가야 한다. 개혁만이 당신의 기업의 미래를 바꿀 수 있으며, 기업의 전적인 지원—내부 및 외부 모두로부터—이 있는 경우에만 개혁이 실행될 수 있다. 당신이 제1의 힘인 인간과 제2의 힘인 도구를 가지고 일한다면 이제 당신은 올바른 길로 접어든 것이다.

어떤 개혁전략을 수행할 것인가?

클라우스 코브율은 책임감 있는 직원들이 가져야 할 근본적인 임무는 "머리를 쓰는" 시간을 갖는 것이라고 말한다. 말하자면 기업의 미래 전략을 고안하고, 필요하다면 과거의 전략을 변경하고 적응시키는 방안에 대해 사고해야 한다는 것이다.

개혁적 기업은 직원이 지닌 강점과 핵심 능력까지 고려한다. 또한 시장 트렌드와 기술력 변화에 신속히 반응하며, 외부적 가능성(시장, 고객, 경쟁)뿐만 아니라 내부적 자원(능력, 강점)도 함께 고려한다. 개혁적 기업은 이러한 요소로부터 자신의 개혁전략을 발전시킨다. 전략적 토대를 갖추어야 비로소 개혁의 가능성이 실현된다.

머리를 쓰라!

언제, 어떻게 당신의 직원들이 시장을 개척하고 기술력을 발견할 수 있는지에 대한 지침을 마련하라. 예컨대 당신은 전적으로 자신의 힘을 신뢰하는지, 혹은 대학과 발명가협회의 도움을 받아야 하는지, 혹은 당신의 기업 제품에 대한 특허신청을 해야 하는지 등을 결정하라.

또한 이러한 탐색단계에서 당신의 기업전략이 어떤 역할을 담당할 것인지를 명확히 규정하라. 즉 당신이 실행시킨 개혁을 통해 당신의 기업은 시장의 선두주자가 될 수 있는가, 기업의 존속이 유지되는가, 혹은 경쟁에서 살아남을 수 있는가?

주기적인 혁신경영

개혁 실행이라는 결정을 내렸다면 개혁의 발전과 평가, 시장으로의 도입 등의 과정들이 뒤따를 것이다. 당신이 개혁과정의 어느 단계에 위치하고 있는지를 꾸준히 검토하라. 그리고 개혁과정을 항상 주기적으로 반복하라. 혁신경영은 단 한 번에 걸쳐 이루어지는 것이 아니라, 동일한 과정이 반복되며 이루어진다. 그러나 현실에서 영속적이며 주기적인 혁신경영을 추진하는 기업을 찾아보기란 매우 힘들다.

인쇄기와 복사기, 팩스기 시장은 매우 역동적인 개혁이 이루어지는 분야이다. 캐논(Canon) 사는 미래를 내다보며 이러한 변화무쌍한 시장을 공략하기 위해 기업이 지닌 기존의 지식과 기술에 추가적으로 다른 특성들을 개발했다. 또한 다른 제조업체와 연구기관과 협력하고, 특허권과 자체 포커스 그룹을 통해 새로운 기업 노하우를 얻었다. 이러한 토대를 바탕으로 캐논 사는 인쇄기와 복사기, 팩스기 시장의 선두 경쟁업체들을 누르고 업체에서 일약 개혁의 주도자가 되었다.

캐논 사의 사례는 개혁전략이 기업 전체에 어떤 영향을 미치는지를 보여준다. 개혁은 기업 시스템 전체에 영향을 미치며, 직원들은 각자의 자리에서 개혁을 실행에 옮긴다.

경직된 위계구조를 피하고, 각 부서 간의 경계를 허물도록 하라. 그리고 개혁과 계발을 위한 공간을 마련하라. 그렇게 한다면 직원들이 모든 부서들의 경계를 넘어 하나가 될 것이며, 의사소통이 촉진된다.

개혁의 담당자

전략 및 개혁과정은 대기업만의 전유물이 아니다. 물론 대기업의 수명이 비교적 길고, 복합적인 기술력 개발과 막대한 연구개발비, 점점 짧아지는 제품수명 주기라는 상황에 잘 대처할 수 있다. 반면 대기업에 비해 틈새시장에서 보다 집중적인 활동을 하는 중소기업은 개혁적 아이디어와 전략으로 특수한 틈새시장 공략에 뛰어난 능력을 지닌다. 또한 중소기업은 연구 네트워크를 합병하고, 세계적인 정보망을 활용하여 단점을 극복함으로써 기업의 힘을 보여준다.

그러나 대기업과 중소기업 모두가 유념해야 하는 공통사항이 있다. 외부의 변화에 대해 그저 반응을 보이는 것이 아니라, 신속하고 능동적으로 행동해야 한다는 것이다. 개혁이 하부구조에서 실행된다면 시간이 촉박한 관계로 개혁에 관한 대부분의 결정이 그곳에서 직접 이루어져야 한다. 시장의 변화에 느리게 대처한다면 이는 곧바로 기업의 위기를 초래하게 된다.

이러한 상황에서 전통적이며 권위적인 기업문화는 더 이상 기능을 발휘할 수 없다. 기업의 수뇌부는 그들의 권력을 이용해 기업에서 이루어질 사항을 지시하고 명령하며, 중간 경영진은 각 개별 사안에 대한 구체화 작업을 하며, 나머지 모든 직원들은 지시에 따라 작업하는 과거의 기업문화는 이제 무용지물이다. 기업의 수뇌부에서 최종 결정을 내릴 때쯤에는 이미 하부구조의 상황은 완전히 변해 있을 것이기 때문이다.

이러한 전통적인 경영구조는 기획하고 통제하고 반응을 보이는 일에만 전력을 다한다. 직원들은 전례를 모범삼아 기업의 문제들을 효과적이며 신중하게 처리한다. 그러나 갑작스런 변화가 생긴다면 어떤 일이 발생할까? 당신의 기업은 변화에 얼마나 신속하게 대처하며, 이에 관한 정보를 수집하고 평가할 수 있는가? 변화에 발맞추기 위해서는 현장에서 일하는 직원들에게 직접 결정을 할 수 있는 권한을 부여하고, 그들에게 직접 결정하도록 요구해야 한다.

연구개발 분야와 더불어 개혁은 당신의 기업에서 중요한 책임을 맡고 있다. 당신의 개혁이 시장의 요구와 부합할 수 있게 마케팅, 생산, 영업을 비롯한 주요 분야에 걸쳐 개발에 직접 참여하도록 한다.

개혁을 실행시키기 위해서는 무엇보다도 통제(Controlling)가 중요하다. 통제란 각 개별 단계를 관리하고, 모든 자원을 효과적으로 투입시키고 있는지를 검토하는 것이다. 이러한 통제를 통해 당신이 개혁을 성공적으로 수행하고 있는지, 혹은 개혁 과정을 중단해야 하는지의 여부가 결정된다.

또한 통제 과정을 통해 당신이 매우 복합적인 사안을 다루고 있다는 사실을 신속히 인식하게 될 것이다. 기업이 지속적으로 발전되는 동안 경쟁업체들이 당신의 행동에 어떤 반응을 보이는지를 관찰해야 한다. 다른 업체들이 당신의 성공전략을 모방하기 시작할 것이다. 경쟁에서는 모든 업체들이 상호 영향을 미치기 마련이다.

경영과 관리

일상적인 수치관리와 진정한 경영의 차이점은 무엇인가?

일상적인 수치관리는 현재에 목표를 두며, 현재의 진행과정을 최선으로 관리한다. 또한 비교적 단기간 내에 높은 수익을 가져오는 것이 그 목표이다. 이로써 경영진은 일상 업무에 안정성과 정돈된 범주를 부여하고, 직원들은 이러한 범주 내에서 움직인다.

반면 진정한 경영은 미래를 겨냥하고, 기업이 나아가야 할 길을 제시하며, 이를 통해 기업의 정체성을 마련하는 데 기여한다. 또한 창의성과 개혁정신, 비전, 즉 영감을 고취시킨다.

기업이 번영하기 위해서는 두 가지 경영법이 모두 필요하다. 즉 관리를 통한 견고한 버팀목과 진정한 경영에 의한 개혁을 마련해야 한다. 그러므로 경영인은 현재의 시스템이 순조롭게 기능할 수 있는 여건을 마련한다. 한편 연금술사로서 당신은 개혁과 지속적인 변화에 주력한다. 개혁이 생겨날 수 있는 진정한 분위기를 조성하라.

현자의 돌

참된 기업회생은 총체적인 과정을 포함한다. 누구 한 사람이 기업회생을 실행에 옮기면서부터 기업회생 작업은 시작된다. 그리고 신속할수록 기업에는 그만큼 더 유익하다. 미래를 추구하라, 그리고 당신의 기업의 금을 찾으라.

당신은 미래 설계를 위한 준비가 되었는가? 그렇다면 이제 시작하는 것이다. 시간이 도래했다.

당신은 다음의 이야기로부터 용기를 얻을 수 있다. 이 이야기는 인간의 내부에 어떤 믿을 수 없는 능력이 잠재되어 있는지를 보여주며, 영감과 지식, 의지와 훈련된 정신이 비범한 전략의 터전을 얼마나 제공하는지를 알려준다.

딥 프리츠(Deep Fritz)는 2003년 11월 모든 시대를 막론한 최고의 체스 게임용 컴퓨터였다. 이 컴퓨터는 다음 18수까지 수백만 가지의 행마법을 계산한다. 어떤 인간도 딥 프리츠의 인공지능을 따라잡을 수 없었다. 그러나 체스 챔피언인 가리 카스파로프(Gari Kasparov)는 "아무도 능가할 수 없는" 이 프로그램과 대결을 벌였다. 그리고 그는 세 번째 판에서 매우 인상적인 장면을 연출했다. 즉 인간이 어떤 것에 오랫동안

심취한다면 컴퓨터 프로그램의 인공지능을 능가할 수 있다는 점을 보여주었다. 그는 졸들로 천천히 전투대열을 구축하여 딥 프리츠와 맞섰다. 이 대열은 처음에는 상대방에게 공격의 핵심이나 위기상황으로 인식되지 않았다. 그러나 결국 이 졸들은 서로 교차하여 움직이며 서서히 앞으로 나아갔다.

비록 카스파로프는 머릿속으로 수백만의 행마법을 계산할 수 없었지만, 그의 행마법 저변에는 컴퓨터의 연산 능력을 초월한 지식과 영감, 감각이 존재했다. 이렇게 카스파로프는 딥 프리츠가 어떤 방법으로든 막지 못한 행마법에 도달했다. 능동적이라기보다는 적수에 대응하는데 급급했던 딥 프리츠는 결국 자기의 전략에 걸려들고 만 것이다. 물론 딥 프리츠는 가능한 18개의 행마법을 완벽히 계산하여 자신에게 이롭게 말을 놓았지만, 거기에는 통찰력이 결여되어 있었던 것이다. 즉 딥 프리츠는 카스파로프의 장기적인 의도를 꿰뚫어보지 못했다. 그렇기 때문에 딥 프리츠는 자신의 상황을 실제 상황보다 더 나을 것으로 여긴 것이다.

이렇게 카스파로프는 딥 프리츠의 개발자를 당혹스럽게 만들었다. 개발자는 이렇게 말했다. "프로그램에 문제가 있는 것 같으니 수정이 불가피합니다." 그러나 그러기에는 이미 너무 늦었다. 물론 막판에 딥 프리츠는 카스파로프에게 위협을 당한다는 점을 인식했다. 그러나 적수가 한 번에 세 개의 말을 해치워버렸을 때 딥 프리츠의 프로그램은 이미 완전히 잘못된 방향으로 진행되고 있었다. 카스파로프가 45번째 말을 놓았을 때 딥 프리츠는 기권할 수밖에 없었다. 이렇게 카스파로프의 승리는 이루어졌다.

기업의 정체성과 기업문화

끝나 버리기 전에는 무슨 일이든 불가능하다고 생각하지 말라.
- 키케로 (고대 로마의 정치가)

영감이 결여된 기업은 엔진 없는 자동차와 같다. 영감은 기업이 위기를 극복하고 꾸준한 개혁을 통해 기업을 발달시킬 수 있는 견고한 힘을 부여한다. 연금술사로서 당신은 기업의 경영을 책임지고 시대에 뒤떨어진 분야와 제품, 기업구조에 이르기까지 기업 전체를 샅샅이 분석하라. 또한 경제적, 사회적 의미에서 개혁의 정신을 고취시키라. 개혁의 틀 안에서 신제품과 새로운 서비스를 창출하고, 나아가 경영과 기업문화를 개발하라.

이를 위해서 경영진과 직원에게는 창의성이 요구된다. 그러나 이 창의성은 즉시 만들어지지 않는다. 창의성을 키우기 위해서는 배움을 촉진시키고 모든 제품과 능률, 생산과정을 지속적으로 변화시키고 개선시키는 개혁의 문화가 필요하다.

동시에 연금술사로서 당신은 직원들이 지켜야 할 필수 원칙을 도입하고, 명확한 전략으로 개혁에 접근하라. 그렇다면 당신은 성숙하면서도 의욕이 왕성한 팀을 얻게 된다. 당신이 직원들에게 생동적인 분위기를 조성해 줄 때에만 끊임없이 변화하는 시대에 발맞추고 기업의 정체성과 기업문화를 계속 발전시킬 수 있다. 그렇게 되면 기업은 확실한 성장률을 보일 것이며, 판매와 수익이 현실화되고 이 상태가 장기간 지속될 것이다.

1. 당신의 비전을 모두가 공유하도록 하기 위해 다양한 수단과 기술력(영상, 언어, 이벤트 등)을 의식적으로 사용하고 있는가?

2. 당신의 직원과 경영진은 당신의 기업비전에 대해 얼마나 공감하고 있는가?

3. 당신은 직원과 경영진에게 얼마나 영감을 불어넣고 있는가?

4. 당신의 기업에는 영감을 지닌 직원과 경영진이 얼마나 존재하는가?

5. 당신의 기업은 아이디어와 비전을 표현하기 위한 자리를 얼마나 제공하는가?

6. 당신의 기업에서 창조적 사고가 얼마나 고려되는가?

7. 당신의 직원과 경영진은 이상주의자와 실용주의자가 적절하게 혼합되어 있는가?

8. 당신은 개혁을 위한 자원(직원, 고객, 파트너 등)을 충분히 활용하고 있는가?

9. 당신의 기업에서는 개혁의 분위기가 얼마나 고무되고 있는가?

10. 당신의 직원들은 아이디어와 질문을 자유롭게 표현할 수 있는가?

11. 당신의 제품과 서비스는 얼마나 혁신적인가?

12. 당신의 경영팀은 얼마나 혁신적인가?

13. 당신은 고객들로부터 솔직한 피드백을 얼마나 받고 있는가?

14. 당신은 파트너, 공급업체, 혹은 직원들로부터 솔직한 피드백을 얼

마나 받고 있는가?

15. 당신은 이 피드백을 새로운 아이디어를 개발하는 데 사용하는가?

16. 당신의 직원들은 개혁을 실행시키도록 고무받고 있는가? (개인별 인터뷰에서 조회하기: 그들은 얼마나 고무받고 있는가? 제대로 고무되지 않고 있다면 그 원인은 무엇인가?)

17. 개혁안을 제안하고 실행시키기 위한 재정적 유인책이 직원들에게 제공되고 있는가?

18. 개혁을 위한 충분한 자본이 마련되어 있는가?

19. 직원과 경영진은 아이디어와 개선안을 객관적으로 솔직하게 평가할 준비가 얼마나 되어 있는가?

20. 직원과 경영진은 개혁의 장점(예를 들어 창의성, 이미지, 독창성, 비용의 장점)을 인식하고 있는가?

에필로그
연금술사의 미래 전망

한 기업의 문화와 정체성은 가치와 규범, 의식과 행동양식, 그리고 고유의 역사로 구성된다. 문화는 그 기업의 씨앗이다. "문화"라는 단어의 원의미 안에는 이미 이러한 사고가 담겨 있다. "문화"라는 단어는 "colere"라는 라틴어에서 파생된 것으로, "colere"는 농부들이 밭을 재배하고 경작한다는 의미를 지니고 있다. 즉 씨를 뿌리고 밭을 가꾸어 풍요로운 수확물을 재배할 수 있는 것이다.

연금술식 기업문화

모든 기업은 고유의, 역사적으로 성장한 문화를 형성한다.
– 롤프 메서슈미트 (독일의 역사학자)

"기업문화", "조직문화", 그리고 "경영문화" 등의 단어는 오늘날 매우 자주 거론되곤 한다. 이러한 단어들은 "경영개선안"과 같은 다양한 형식을 통해 마치 기업의 경영방침인 양 조직에 무분별하게 사용되고 있다. 그것도 기업을 움직이는 사람들과 핵심사안과는 무관하게 이루어진다. 훌륭하다고 간주된 경영 트렌드는 곧 다른 트렌드로 전화되며, 기본노선은 수시로 바뀌거나 혹은 홍보업무의 일환으로 외부에 공개되지만 아무에게도 흥미를 끌지 못하며 깊은 인상을 주지 못한다. 많은 직원들은 이미 이런저런 "기업문화"들이 등장하고 사라지는 현실을 겪어왔다.

당신의 기업은 어떠한가?

★ 당신의 기업은 공통된 토대, '우리'라는 공동의식, 공통가치를 개발

하고 있는가?

★ 직원들은 "일상의 생존경쟁"에서 간부진과 하나됨을 느끼는가?

기업문화의 연금술적 토대는 위에 언급된 소위 "기업문화"들과는 다르다. 이것은 이미 제1장에서 서술한 바 있다. 즉 자신의 사명감을 발견하고 이를 발휘함으로써 만족감과 성취감을 느끼며, 동시에 기업과 주변 환경, 사회, 간단히 말해 전체 시스템을 가장 이롭게 한다. 기업의 사람들은 그들의 능력과 에너지를 기업의 발전과 번영을 위해 모두 동원한다. 기업의 사람들이 자신의 개인적 사명감과 삶의 과제를 보다 잘 인식할수록 전체 시스템인 "기업"에게 돌아가는 이익은 점점 커진다.

당신이 앞서 기술된 인간-도구-영감이라는 세 가지 연금술의 힘을 내면화시키고 발견하였다면 당신의 기업에 새로운 계기를 부여할 것이다. 그렇게 되면 당신의 기업에는 에너지가 왕성한 엔진이 작동하기 시작할 것이다. 각 에너지 사이에서, 각 부서들 사이에서, 모든 위계구조 사이에서 지금까지와는 완전히 다른 새로운 결합이 생겨나고, 직원들 사이에 막혀 있던 통로가 활짝 열릴 것이다. 직원들은 공동의 목표를 발견하고, 이 목표를 위해 전력을 다할 것이다. 이렇게 하여 새로운, 보다 나은, 그리고 성공적인 기업이 탄생한다. 직원들은 자신의 기업에서, 자신의 위치와 미래를 발견한다. 당신은 기업의 직원들이 그들만의 기업문화를 실행에 옮길 수 있도록 보조하라!

한 기업의 문화와 정체성은 가치와 규범, 의식과 행동양식, 그리고 고유의 역사로 구성된다. 문화는 그 기업의 씨앗이다. "문화"라는 단어의 원의미 안에는 이미 이러한 사고가 담겨 있다. "문화"라는 단어는 "colere"라는 라틴어에서 파생된 것으로, "colere"는 농부들이 밭을 재배하고 경작한다는 의미를 지니고 있다. 즉 씨를 뿌리고 밭을 가꾸어 풍요로운 수확물을 재배할 수 있는 것이다.

연금술적 기업문화는 모범적 사례에서, 내부 의사소통에서, 홍보업무에서, 그리고 말로 표현될 수 없는 기업의 행동규범에서 나타난다. 이러한 기업문화는 직원의 행동방식과 업무능률을 조종하며, 자신과 기업을 동일시하고 이로써 주변과 자신을 구분짓도록 한다. "기업철학", "기업윤리", "기업정체성", 그리고 "기업모범"과 같은 개념은 기업문화와 밀접한 관련을 가지고 있다.

오늘날에는 경제기업뿐만 아니라 교회와 관청, 협회들에서 기업문화를 중점적으로 다루고 있다. 기업문화는 경쟁요인에서 그 의미가 점점 중요해지는 개념이다. 기업문화에서 기업의 정체성과 능동적 행위가 많이 개발될수록 성공의 확률은 그만큼 높아진다.

무엇보다도 가장 중요한 과제는 기업 경영진들이 새로운 기업문화의 모범을 보여야 한다는 것이다. "문화의 변화는 경영진이 모범을 보이고 책임을 공동으로 짊어질 경우에만 가능하다. 이러한 경영은 무궁무진한 효과를 발휘할 수 있다. 문화의 장기적인 변화와 개선은 경영진 없이는 절대로 불가능하다." 당신 역시 이러한 영향을 발휘하여야 한다. 그러나 직원들이 새로운 문화를 습득하고 그것에 익숙해질 때까지 오랜 기간이 소요될 것이며, 많은 노력과 작업이 불가피하다.

직원들이 기업의 일상적 경영활동과 자연스럽게 융화될 때에 비로소 당신은 기업을 성공적으로 변화시킬 수 있다.

당신은 기업의 목표를 설정하고 이 목표를 내면화시켜야 한다는 점을 명심해야 한다. 기업 내의 모든 사람들은 자신이 어떤 목표를 달성해야 하는지를 알고 있어야 한다. 그래야만 당신의 기업은 존속될 수 있으며, 생명이 충만해진다.

당신은 직원들과 함께 기업의 목표를 달성해야 한다. 그렇게 하기 위해서는 기업의 목표와 직원들의 목표를 일치시켜야 한다. 당신의 기업목표가 직원들의 목표—예를 들어 높은 임금, 승진, 재교육, 적성에 맞는 업무 등—와 일치한다면 당신은 긍정적인 결과와 발전을 이룰 수 있다.

그러므로 직원들로부터 기업가적 재능과 창의성을 발굴하고 촉진시키라. 연금술적 기업문화는 경제와 인간의 상호교류에 대한 총체적인 개념이다. 모든 구성원에게는 개인의 능력과 에너지를 발전시킬 권리가 있다. 이들은 자기 삶의 일부를 기업에 완전히 투자하고, 개인적으로 자신을 발전시킴으로서 개인적 성공을 가져온다. 이는 동시에 기업에도 고도의 에너지를 부여한다.

연금술적 기업문화는 기업목표 하에서 모든 구성원에게 보다 많은 책임감과 자아실현 가능성, 보다 많은 업적과 성공을 향한 노력을 부여한다. 또한 모든 구성원에게는 실수가 허용된다. 실수는 지식과 깨달음의 원천이기 때문이다.

한 맹인이 숲 속에서 길을 잃은 채 헤매고 있었다. 갑자기 그는 땅바닥에 있는 무언가에 치여 넘어지고 말았다. 그는 바닥 주변을 이리저리 더듬어 보았다. 그리고 자신이 그곳에 웅크리고 있던 한 남자에 걸려 넘어진 사실을 알았다. 그 남자는 온몸이 마비된 불수였기 때문에 걸을 수가 없었다.

두 사람은 대화를 나누기 시작했고, 서로에게 자신의 운명에 대해 한탄했다. "저는 이 숲을 헤매고 있습니다. 그런데 앞을 보지 못하니 길을 찾을 수가 없습니다." 맹인이 말했다. 그러자 팔다리가 마비된 자가 이렇게 말했다. "저도 언젠가부터 이렇게 계속 땅바닥에 누워 있습니다. 일어서지를 못하니 이 숲을 빠져나갈 수가 없습니다." 그리고 그들이 대화를 나누는 동안 갑자기 불수인 남자가 소리쳤다. "제게 한 가지 생각이 있습니다. 당신이 나를 업고 가는 겁니다. 그러면 당신이 어느 방향으로 가야 할지 제가 알려주겠습니다. 우리 둘이 함께라면 이 숲을 빠져나갈 수 있을 겁니다."

이 이야기에서 맹인은 합리적 사고, 불수인 남자는 직감을 구현한 것이다. 둘이 서로 하나가 되는 것을 배운 자는 숲에서 빠져나가는 길을 찾게 된다.

기업문화는 비록 눈에 보이지는 않지만, 모든 기업에서 매우 효과적인 정신이자 영혼이다. 연금술사로서 당신은 기업에서 안으로는 직원들의 사고와 행동을 결정하며, 밖으로는 당신의 기업이 시장에서 두각을 나타낼 수 있도록 긍정적이고 열린 문화를 발전시키도록 한다. 이러한 기업문화를 창출하기 위해서 당신은 전설과 신화, 상징과 의식을 꾸준히 찾아내고, 이를 조직화하고 관리해야 한다.

상징

당신의 비전이 가시화될 수 있는 알맞은 상징을 찾아내라. 포도주를 마시면서, 물맛이 좋다고 선전할 수는 없지 않은가?

당신의 직원은 기업에서 어떤 옷을 입고 있는가, 경영진은 어떤 상징으로 직위를 나타내는가, 경영진의 태도는 어떠한가? 당신의 기업 건물의 모양은 어떠한가, 기업 상담실은 어떠한가? 이 모든 것이 당신의 기업 정신에 영향을 미친다.

전설과 신화, 그리고 영웅

전설과 신화는 당신의 메시지를 전달하는 데 가장 적절한 수단이다. 적절한 성공신화를 통해 기업의 상징을 명확하게 제시하라. 예를 들어 당신이 기업의 창시자를 예찬한다면 이를 통해 당신은 기업문화가 내면화될 수 있도록 큰 기여를 할 수 있다. 또한 지금까지는 두각을 나타내지 않았지만 혁신적인 개선안을 제시하고 실행시킨 직원이 있다면 그 역시 개혁정신과 연금술적 기업문화를 전달할 수 있다.

제식

제식을 통해 당신은 마치 극장에서 연극을 상연하듯 중요한 가치를 연출할 수 있다. 당신의 제식을 끊임없이 반복하라. 그래야 당신의 직원들이 이 제식에 익숙해지고 이를 목표로 설정할 수 있다. 예를 들어 매년 최고의 판매원들을 선정하거나, 직원들에게 정기적으로 기업의 매달 수익을 알리는 것이다.

무의식적 층위

마지막으로 기업문화는 직접적으로 통찰할 수 없는 층위이자 기업의 근본원칙을 담고 있다. 모든 기업은 각자 서로 다른 방식으로 기업문화를 강조한다. 그러나 대부분의 직원들은 기업문화를 아무런 의식 없이 받아들이고 있을 뿐이다. 그들은 기업문화에 해당되는 질문들을 고려해야 한다. 당신의 기업은 환경과 인간을 어떻게 바라보는가? 당신은 인간의 행동과 당신의 고객을 어떻게 평가하는가? 당신은 진실이란 무엇이라고 생각하는가, 옳은 것은 무엇이며 그릇된 것은 무엇인가?

당신의 직원들은 이러한 기업 내적인 기본가정을 무의식적으로 인지하거나, 혹은 구성원 중 한 명이 이 가정을 위반할 때 비로소 인지한다. 그러나 기업문화라는 무의식적 층위는 매우 중요한 의미를 가지고 있다. 즉 기업 구성원을 통일시키며 기업의 성공에 막대한 영향을 미친다.

기업문화는 변화 가능하다

연금술사로서 당신은 당신의 기업문화를 변화시킬 수 있다. 당신 역시 제1의 힘인 "인간"으로 변화했듯이 규율과 성과, 작업을 통해 공동가치뿐만 아니라 각 개인의 사고를 변화시킬 수 있다.

연금술적 기업문화를 위한 9가지 법칙

> 직원들이 당신의 기업을 자신의 기업으로 동일시하는 행위는 독일의 현 위치를 경쟁성
> 있게 만드는 마지막, 가장 중요한 기회이다. 이것은 오직 경영가의 입장에서 사고하고
> 행동하는 직원들이 있을 경우에만 가능하다.
> — 라인하르트 몬 (독일의 서적상)

당신은 그저 버튼을 한 번 누른다고 해서 경영진과 직원들로부터 창의성과 개방성을 요구할 수 없다. 일단 당신은 기업의 구습을 새로운 규칙으로 변화시켜야 한다. 그래야 연금술적 정신문화가 기업에 효력을 발휘할 수 있다.

1. 창조적 환경의 법칙

당신의 기업에 창의성을 촉진시킴과 동시에 우수한 품질을 목표로 설정하도록 분위기를 조성하라. 그래야 당신의 직원들이 창의성을 발휘할 수 있다. 간부와 직원들 사이에 개방적인 의사소통을 마련하고, 고위 경영층이 개혁과정에 참여할 수 있도록 하라. 새로운 워크숍을 개설하고, 지금까지와는 다른 회의 분위기와 새로운 회의 진행방법을 도입하라.

이렇게 하면 당신은 당신의 기업이 개혁을 필요로 한다는 사실을 알릴 수 있다. 직원들에게 자신의 능력을 증명할 수 있도록 도전 과제를 부여하라.

2. 일관성과 논리의 법칙

당신은 여러 방향으로 뻗어 있는 인생의 교차로에서 한 가지 길을 선택해야 한다. 어느 길을 택할지 결정했다면 이제 당신이 선택한 길로 일관성 있게 나아가야 한다. 당신이 다른 길을 택했다면 어떻게 되었을까 하는 생각은 하지 마라.

당신은 창의적으로 길을 선택한 것이다. 그러므로 계속 그 길을 가라. 바퀴를 뒤로 돌리지 마라.

3. 균등의 법칙

변화는 위에서부터 자연적으로 이루어지는 것이 아니며, 모두가 동참해야 이루어지는 것이다. 변화를 위한 시장을 마련하라. 당신의 기업 어딘가에 뛰어난 인재, 뛰어난 기업인, 간단히 말해 늘 같은 식으로 행동하기보다 당신의 기업을 앞으로 끌고 나갈 연금술사가 존재할 것이다. 그러한 사람들은 자신의 개혁을 베스트셀러로 만든다. 플레이모빌이나 소니 사의 플레이스테이션을 생각해 보라.

4. 창의적 교육의 법칙

당신의 직원들이 개혁정신을 가질 수 있도록 고무하라. 창조적 수단을 직원양성 프로그램에 적용시키라. 예를 들면 직무순환 제도,

파견근무, 평생교육, 창의적 워크숍 등의 제도를 도입하는 것이다.

5. 집중과 초점의 법칙

기업의 영업목표를 인식하고, 이 목표를 꾸준히 견지하도록 하라. 그리고 사업 분야를 불필요하게 확장시키지 않는다.

6. 관용의 법칙

당신의 기업이 전통이나 현상 유지에서 벗어나도록 허용하라. 이제까지의 도그마에 사로잡히지 말고 기업 외부의 신선한 경험을 허용하라.

7. 의사소통의 법칙

당신은 창조적 개혁과정의 시작단계부터 당신의 직원들을—그들이 필요성을 직접적으로 인식하지 못한다고 하더라도—계몽시키고 그들에게 충분한 정보를 제공해야 한다.

많은 직원들이 지금까지 창조적 과정에 전혀 참여하지 못했다. 그들에게 모두를 위해 달성하고자 하는 목표를 알리라. 개별면담과 집단면담은 기업의 분위기와 직원의 능력을 고취시키며, 오류를 피하도록 도움을 줄 것이다. 그러므로 기업 내의 활발한 의사소통을 고무하라.

새로운 규율을 기업에 공지하고, 이를 통해 과거의 구조에 개혁적 사고를 침투시키라.

8. 경제성의 법칙

경제성에 꾸준히 주의를 기울여라. 당신의 자원을 의미 있고 효과적으로 다루어라. 당신이 창조적 전략을 위한 목표를 결정했다면 이것을 상부 직원들에게 알리라.

9. 보상의 법칙

개혁의 성과를 올린 경우 그것에 대한 보상 또한 매우 중요하다. 비록 대부분의 직원들이 금전적 보상보다는 상사로부터 인정받기를 더 원한다 하더라도 반드시 그들의 성과에 대해 보상을 지급해야 한다.

위에 언급된 아홉 가지 법칙은 기업문화의 탄생을 위한 기본 전제조건이다. 이 전제조건은 상호 간의 자유로운 교류와 보다 큰 성공을 위해 무조건적으로 지켜져야 한다.

연금술 경영법칙의 미래

> 결정된 것은 아무것도 없다. 사회 시스템은 변화한다.
> **– 노르베르트 엘리아스** (독일의 사회학자)

우리가 이루려고 하는 것은 무엇인가? 우리는 미래를 어떻게 만들어나갈 것인가? 미래를 위해 우리가 과거로부터, 그리고 위대한 비전을 실현화시킨 과거의 인물로부터 배울 수 있는 것은 무엇인가?

존 에프 케네디(John F. Kennedy)와 우주비행의 예를 들어보기로 한다.

어느 날 아침 케네디의 부통령인 린든 존슨(Lyndon B. Johnson)이 자신의 책상 위에서 다음과 같은 짧은 메모를 발견했다.

부통령께

우리가 맺은 협약에 따라 나는 국가항공우주위원회의 회장인 당신에게 우리의 우주비행 상황에 대한 전체적 개요 작성을 부탁합니다.

1. 우리가 우주 연구소의 설립과 달 주변의 탐사를 통해, 혹은 달에 인간이 왕래할 수 있도록 로켓을 발사함으로써 소련과의 경쟁에서 이길 가능성을 가지고 있습니까? 긍정적인 결과를 약속하고 우리가 승리할 수 있는 어떤 프로그램이 존재합니까?

2. 또한 비용은 얼마나 소요됩니까?

3. 우리는 현재의 프로그램에 매달려 매일 24시간 일하고 있습니까? 그렇지 않다면 그 원인은 무엇이며, 작업을 가속화시킬 수 있는 제안을 제게 주십시오.

4. 거대한 로켓을 만드는 데 있어 우리의 중점은 핵연료입니까, 화학연료입니까, 아니면 액상연료입니까? 혹은 세 연료를 조합시킨 연료입니까?

5. 최고의 노력이 시도되고 있습니까? 우리는 예상된 목표에 도달할 수 있습니까? 나는 지미 웹(Jimmy Webb), 비스너(Wiesner) 박사, 국방부장관 맥나마라(McNamara)를 비롯한 다른 정부 책임자들에게 아무런 제약 없이 당신과 함께 일할 것을 부탁했습니다. 가능한 한 빠른 시일 내에 당신의 보고서를 보았으면 좋겠습니다.

존 에프 케네디

이 메모는 매우 적절한 질문들을 담고 있으며, 우주 비행 프로젝트에서 까마득한 목표를 달성하기 위한 첫 발걸음이 되었다. 케네디는 이미 이 메모를 전달한 지 한 달 후, 즉 1961년 3월 25일에 행동을 개시했다. "우리 미국은 금세기가 지나기 전에 인간을 달에 착륙시키고 무사히 지구로 귀환시키는 목적을 달성해야 한다." 그는 미국 의회에서 공식적으로 "달에 착륙한 최초의 인간"이라는 사명을 실행시키기 위한 첫 신호를 공식적으로 알렸다. 이 사명은 당시 미국의 최대 우주비행 프로 젝트였다.

8년 후인 1969년 7월 21일 중부유럽 시각으로 3시 56분, 닐 암스트롱 (Neil Armstrong)이 달에 첫발을 디뎠다.

당신은 이와 같은 개인적인 메모를 이미 적어두었는가, 아니면 아침마다 당신의 책상 위에서 이러한 메모를 발견했는가?

우리 사회는 새롭고 신선한 사고와 행동을 필요로 한다. 또한 당신의 용기와 에너지도 필요하다. 당신과 당신 주변의 사람들은 성공을 위한 유일한 열쇠이다. 개인적 가치와 기업의 가치를 일치시 키는 행위가 그 어느 때보다도 요구되고 있다.

연금술적 과정 전체가 인간에 의해 실행되고 유지되는 것처럼, 기업가적 사고 역시 인간에게 초점을 맞추어야 한다. 해고와 비용절 감 프로그램 등의 방안은 기업의 자질을 나타내는 상징이 아니다. 오히려 이를 통해 기업의 구매력과 지식, 고객, 미래의 능력이 상실 된다. 한동안은 순조롭게 진행되겠지만, 말 그대로 그저 한동안일 뿐이다. 상황에 따라서 이로부터 이익을 얻는 사람들도 있을 것이 다. 그러나 기업과 공동체에게는 지속적인 손실을 가져온다.

유동적 삶

당신의 기업은 끊임없이 흘러가고 있다. 이를테면 변화하고, 성장하고 흔들리기도 하며 몰락하기도 한다. 또한 기업 사람들 역시 변화한다. 연금술 경영법칙은 이러한 변화를 밑받침하며 촉진시킨다. 당신은 현재 상태를 유지시킬 수 없다. 다시 말해 사람과 기업은 더 높은 단계로 발전해야 한다.

연금술사로서 당신은 폐쇄된 존재가 아니며, 끊임없이 성장하고 발전하며 다른 사람과의 관계 속에서 성숙하는 존재이다. 또한 연금술사로서 당신은 개인주의자가 아니다. 왜냐하면 연금술사와 공동체는 서로를 배제하지 않으며, 오히려 밀접한 관계를 맺고 있기 때문이다. 공동체 안에서만 당신은 연금술사가 될 수 있다. 한 공동체가 활동적이며 책임감 있는 사람, 공동체의 임무와 목표를 자신의 것으로 여기는 사람으로 구성되어 있다면 그 공동체는 참된 공동체이다.

연금술사로서 당신의 개인적 사명은 "구성원으로 하여금 사회적 현실과 사회적 책임, 사회적 참여를 위해 공동체를 향하여 자신을 개방하도록 하는" 방법을 터득하는 것이다.

연금술 경영법칙으로 당신은 인간이 상호교류하고, 지위와 신분, 나이, 교육정도, 성별에 관계없이 모두가 연금술적 사고를 하는 공동체를 창출한다.

연금술사로서 당신은 직원들의 능력과 특성을 매우 높이 평가하며, 모든 개인과 그들의 정서적 발달에 관심을 가진다.

인간의 소질과 능력을 신의 선물이자 동시에 과제라고 생각하

라. 우리 모두는 자신의 개인적 사명감을 장려하고 고무해야 하는 과제를 지닌다. 다양한 재능을 지닌 많은 사람들이 연금술 경영법칙을 따른다면 새로운 행동 공동체가 생성된다.

우리는 다른 사람들의 희생을 거치지 않고 자신의 소원과 희망을 충족시킬 임무를 갖는다. 기업가적 행동과 더불어 인간과 교류하며 경제적 문제에 책임의식을 가져야 한다. 경제는 지역적인 차원에서 세계적인 차원에 이르기까지 윤리적 기본법칙과 결합되어 있기 때문이다.

당신은 연금술 경영법칙을 통해 기업경영과 경제, 정치 분야에서 새로운 의식을 발전시키게 된다.

★ 이 가능성을 활용하라. 존재와 상호교류 그 이상을 위해 자신을 개방시키라.

★ 새로운 도전과제, 새로운 아이디어, 주변세계를 향해 자신을 열어라. 변화는 바로 당신에게서 시작된다. 기다리지 말고 행동하라.

다음의 이야기는 연금술 경영법칙의 명확한 이해를 돕는다.

끔찍한 폭풍우가 밀어닥쳤다. 허리케인이 모든 것을 휩쓸고 바다는 세차게 파도를 일으켰다. 수 미터에 이르는 파도는 귀를 마비시킬 정도의 큰 소음을 해안가에 몰고 왔다. 폭풍우가 서서히 사라진 후 하늘이 다시 맑게 개였다. 그러나 해변에는 거센 물결로 인해 해안에 쓸려온 무수한 불가사리들로 가득했다.

한 소년이 해변을 따라 걸으면서 불가사리들을 주워 다시 바다에 던져 주었다. 그때 지나가던 한 남자가 소년에게로 다가가 말했다. "어리석은 소년이로구나. 네 행동은 아무런 의미가 없단다. 해변 전체가 불가사리로 가득한 것이 보이지 않니? 너는 이 모든 불가사리들을 바다에 던질 수는 없단다. 네 행동으로 변하는 것은 조금도 없단 말이다."

소년은 남자를 잠시 바라보았다. 그리고 나서 다시 바닥에 있는 불가사리를 다시 조심스럽게 주워서 바다에 던졌다. 그리고 소년은 남자에게 말했다. "하지만 불가사리에게는 변화가 생기죠."

연금술의 역사에 대한 짧은 고찰

고대

연금술사의 언급에 따르면 연금술의 역사는 이집트인들이 섬기던 신 헤르메스로부터 시작된다. 실제로 연금술은 이집트의 금속가공 및 금속착색 기술로 소급된다. 이 기술은 제사장들이 소유했던 신비로우며 은밀한 지식이다.

그리스의 연금술 문헌은 이러한 인식을 토대로 작성되었다. 이 문헌들은 기원후 1세기에서 3세기에 이집트의 마술, 그리스의 철학과 영지주의, 신플라톤주의, 바빌론의 점성술, 이교도의 신화, 기독교의 신학의 혼합으로 발전되었다.

이러한 문헌들은 흔히 헤르메스 트리스메기스토스, 이시스, 클레오파트라, 모세의 여동생과 동일시되는 유대인 마리아와 같은 신성한 인물의 이름을 달고 전해지거나, 사제 티아나의 아폴로니우스(Apollonius of Tyana)라는 가명으로 전해졌다. 연금술을 통해 하찮은 금속을 금으로 변형시킬 수 있다는 생각은 이러한 문헌들에서 인간

영혼의 정화 및 속죄 과정으로 표현되었다.

이렇게 하여 신비주의적인 "내적 연금술"이 생겨났고, 이 사상은 후에 이슬람교와 그리스도교에서도 나타난다.

하찮은 금속을 금으로 변화시킬 수 있다는 사상의 철학적 토대는 모든 질료는 불과 물, 흙과 공기로 이루어져 있다는 아리스토텔레스의 이론이다. 원하는 물질을 생성시키기 위해서는 금속과 네 가지 기본질료의 혼합 상태를 변형시키면 된다는 것이다. 그 결과 처음의 금속물질이 황금색으로 변형된다. 이로써 이미 성공의 일부를 이룬 것이다. 왜냐하면 황금색은 금의 근본적인 속성이기 때문이다.

고대 연금술사들은 금속의 생성과정이 자연의 유기체 성장과정과 유사하다고 추측했다. 따라서 하찮은 금속은 아직 미성숙의 단계이거나 특정 별자리의 영향으로 불완전한 상태라고 믿었다. 이를테면 납은 토성이 막대한 영향을 미치는 경우에 생성된다. 연금술사들은 자연을 모방하여 금속의 성숙과정을 가속화시키고자 했다.

중세

그리스 연금술의 전통은 8세기에서 10세기 사이에 막을 내렸다. 이 시기에 아랍 문화권에서 최초의 연금술 연구가 시작되었다.

자비르 이븐 하이얀(Jabir ibn Hayan)은 고대 그리스의 연금술을 바탕으로 17세기까지 영향력을 발휘한 이론을 발전시켰다. 즉 그는 기존에 알려진 네 가지 원소들은 열기, 냉기, 건기, 습기의 네 가지 성질을 기본으로 하며, 이 네 가지 성질들이 결합하여 물질을 만들어낸다고 가정했다. 이러한 가정에 따르면 금속이 생성될 때는 수은(냉기와 습기)과 황(열기와 건기)이 중요하다. 이 두 가지 물질이 결합해 금속이 생성될 수 있다. 물론 이 물질들은 실제 물질이라기보다는 일종의 원리로 간주된다. 실제로 수은과 황을 금과 결합시키기 위해서는 정화작용을 거쳐야 한다. 그런 다음 적당한 혼합비율을 이루어야 열기와 건기의 올바른 균형에 도달하게 된다는 것이다.

아랍과 라틴의 후대 연금술사들은 자비르 이븐 하이얀의 이름으로 작성된 수많은 문헌들에 나타난 이 이론을 계속 발전시켰다. 특히 13세기 말 스페인에서 작성된 것으로 추정되는 *Summa perfectionis magisterii*라는 책은 매우 명확하고 체계적인 것으로 정평이 나 있다.

12세기와 13세기에 아랍의 연금술은 스페인의 아랍인 정복지역과 남부 이탈리아 지역으로 전달되었다. 처음에는 고대 그리스 철학처럼 아랍어와 그리스어로 된 주석서를 번역함으로써 연금술 문헌이 보급되었다. 14세기가 되어서야 비로소 라틴어 권의 독자적 연금술이 발전되었다. 그러나 이 연금술 역시 아랍의 연금술에 토대를 두고 있었다.

무엇보다도 이 시기에 눈에 띄는 저술은 라이문두스 룰루스(Raimundus Lullus)라는 필명으로 전해지는 요하네스 드 루페스키사(Johannes de Rupescissa)가 쓴 『제5원소에 관하여(*Buch über die Quintessenz*)』이다. 이 책의 내용은 연금술의 의학적인 측면만을 다루고 있다. 드 루페스키사는 모든 물질은 이미 알려진 네 가지 원소와 함께 수명을 연장시키는 "quinta essentia"라는 제5원소를 포함하고 있다고 믿었다. 그는 이 제5원소를 금으로부터 얻어서 의학에 적용시키고자 했다.

근세

파라켈수스(1494~1541)는 연금술의 의학적 측면을 보다 강조했다. 그의 관심사는 금과 은을 생성시키는 것이 아니었다. 그는 연금술을 천문학과 철학, 의사의 덕목과 더불어 의학의 기본토대라고 간주했다. 이미 자연 자체는 예를 들어 곡식과 과일(그리고 금속)을 성숙시키는 등 인간의 생명에 필요한 모든 것을 생성시킴으로써 연금술사와 같은 역할을 한다. 수공업자와 빵 굽는 사람, 와인 생산자는 인간이 사용할 수 있도록 자연의 산물을 완성한다. 이러한 관점에서 이들 역시 연금술사와 같다고 볼 수 있다. 의학에서도 마찬가지이다.

> 약품의 경우도 마찬가지이다. 신은 약품을 만들기는 했지만, 이 약품은 불완전한 상태로 잡티 속에 숨겨져 있다. 이제 이 잡티에서 약품을 분리해 내는 것이 연금술사의 의무이다.

파라켈수스는 연금술을 모든 자연인식의 총체적 개념인 천문학의 한 부분이라고 생각했다. 별자리의 영향에 따라 질병과 이 질병을 치유하는 약품을 만들 수 있다고 믿었다. 모든 식물과 광물에서 네 가지 원소를 제외하고 남은 제5원소가 각각 특정 별자리와 일치한다. 이 별자리는 다시 인간의 특정 신체부위에 영향을 미친다. 이로부터 파라켈수스는 무기물질로부터 약품을 만들 수 있을 거라 기대했다.

근세에는 인간을 치유할 뿐만 아니라 금속을 정제시킨다는 "현자의 돌"을 찾기 시작했다. 연금술사들은 이 돌이 붉은색의 무거운 가루이며, 돌처럼 불에도 소멸되지 않는다고 생각했다. 또한 이 가루가 모든 생명과 광물에 이상적인 조화를 가져다줄 수 있는 능력이 있다고 믿었다. 이를테면 이 가루는 금속의 기본물질들에 조화로운 관계를 부여하고, 네 가지 체액의 균형—이 균형에 장애가 생기면 질병이 발생한다—을 이루게 하여 질병을 치유한다.

모든 연금술 문헌에는 이 신비의 영약에 대해 풍부하게 기록되어 있지만, 그 비법은 공개하지 않았다. 돼지에게 진주를 던지지 말라는 성경의 문구처럼, 이러한 뛰어난 기술은 소수의 전유물로 남아 있어야 한다는 것이 그들의 주장이었다. 그래서 연금술사들은 현자의 돌을 어떻게 얻는지에 관한 지침을 문학적이며 종교적인 상징의 방식으로 감추어놓았다. 이 상징은 신비로우며 점성술적인 암시로 가득 차 있기 때문에 연금술 대가로부터 직접 가르침을 받지 못한 사람들은 전혀 이해할 수 없었다.

가명과 상징적인 설명들은 화학제품과 도구뿐만 아니라 연금술의 개별 과정까지 포함한다. 비유적이며 상징적인 묘사들 속에는 연금술 이론과 관련된 모든 의미의 다양성이 표현되어 있다.

15세기와 16세기에 연금술은 종교적인 은유뿐만 아니라 영적인 목표를 얻게 된다. 말하자면 외적인 눈으로는 볼 수 없으며, 내적인 눈으로 검증해야 하는 "철학적 황금"을 추구하고자 했다. 영혼의 구원과는 무관한 외적인 사물을 향한 인간의 호기심은 이제 더 이상 저주의 대상이 아니다. 오히려 호기심은 신의 인식으로 가기 위한 정당한 수단이다. 성경과 더불어 자연이라는 "책"은 신의 계시의 한 형태로 등장했다. 성경과 자연은 서로가 서로를 해명해 준다. "현자의 돌"을 찾는 행위는 인간의 본성 속에서 황금을 추구하는 일종의 예배의식과 다를 바 없이 되었다.

196쪽의 해답

점들을 모두 서로 연결시키기 위해 당신은 사각형 외부에도 몇 개의 직선을 그려야 한다. 많은 사람들은 사각형 안에서만 직선을 그려야 한다고 생각한다. 사각형 안에만 직선을 그리게 되면 이 수수께끼를 풀 수 없다는 사실을 알고 있는 경우에도 그들은 이 규칙을 탐구하지 않는다. 당신이 이 규칙을 무효화시킨다면 해답은 아주 간단하다. 여기서 당신은 문제의 해답을 익숙한 길에서만 찾을 수 있는 것이 아니라는 사실이 얼마나 중요한지 알게 된다. 고정관념에서 벗어난 아이디어를 통해 당신의 사고에 영감을 불어넣으라.

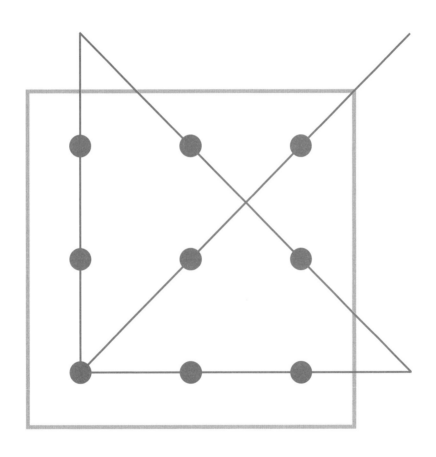

감사의 말

인생의 위기를 극복하며

나에게 닥친 모든 불운에 대해 감사의 말을 전한다. 또한 나에게 닥친 모든 불행에 대해 감사의 말을 전한다. 특히 내 인생에서 벌어진 모든 사건에 대해 감사한다. 바로 이러한 사건 때문에 나의 성장이 이루어졌다.

이 책은 내가 직접 겪은 경험을 모아놓은 책이라고 할 수 있다. 나는 새로운 회사를 창설하는 일, 무언가를 개선시키는 일, 기업을 회생시키는 일, 기업의 구조를 새롭게 재정비하는 일을 좋아한다.

내가 처음으로 인생의 위기를 맞이한 때는 34세 되던 해였다. 처음으로 경제적 상황이 매우 어려운 회사에서 일하고 있었을 때 나는 어찌할 바를 몰랐다. 나는 내 자신에게 이렇게 물었다. "어디서부터 손을 대야 할까?"

이 과제를 위해 나는 인간과 기업의 총체적인 회생을 담당하는 자문인을 찾았다. 자문인 명단을 찾고 있었을 때, 문득 그들이 해줄 수 있는 범위는 불과 일부분에 그칠 거라는 생각이 명확히 떠올랐다. 그러나 일상 업무를 위한 총체적이면서도 핵심적인 구상을 찾을 수가 없었다.

나는 이 공백을 연금술 경영법칙으로 메우고자 했다. 나는 이러한 공백을 일상 업무에서 뿐만 아니라, "현대인"이라면 어쩔 수 없이 수행해야 하는 사적인 역할과 공적인 역할 사이의 괴리 속에서도 보았다.

유명한 사회학자 노르베르트 엘리아스는 사회적 가치 시스템은 세대에 걸쳐 변화한다고 말했다. 그러므로 우리는 사회 전체에 새로운 윤리를 도입시켜야 한다. 이 윤리는 개인적 행위, 공동체적 행위, 경제적 성공, 사회적 서열을 포괄하며, 서로를 풍요롭게 해준다.

이 시점에서 나는 많은 사람들에게 감사의 말을 전하고 싶다.

파울로 코엘료는 『연금술사』와 『야곱의 길』로, 헤르만 헤세(Hermann Hesse)는 『싯다르타』로 일반 대중 문학의 모범을 보여주었다. 싯다르타와 연금술사는 나의 개인적 인생행로에 큰 감명을 주었다.

또한 달라이 라마도 여러 방면에서 나에게 영감을 주었다. 그는 자신의 저서에서 새로운 인간성의 윤리를 제시했고, 이 윤리는 나에게 다양한 사고의 계기를 부여했다.

2000년이 넘은 세네카(Seneca)의 저술 『인생은 왜 짧은가』와 『행복론』은 오늘날에도 여전히 참된 인생의 통찰력을 부여한다.

이 책의 기본구조는 성격발달에 관한 맥린의 연구결과와 쉬름, 뢰넴의 이론에 바탕을 두고 있다. 이 이론은 기업 분야에 손쉽고 성공적으로 도입될 수 있다.

조셉 오코너의 『신경언어프로그래밍(NLP)』과 『NLP 경영』, 피터 하멜(Peter Hamel)의 『혁신 기업』은 나에게 창조적 사고를 하는 계기를 부여했으며, 알렉산더 카이저 교수는 특히 "인간"의 영역에서 나에게 많은 영감을 주었다. 클라우스 코브욜은 그러한 아이디어가 독일에서도 실행될 수 있다는 사실을 보여주었다.

"도구"의 영역에서는 디터 페흐너(Dieter Fechner)와 미카엘 하르츠(Michael Harz), 허브(H-G. Hub), 에버하르트 슈밥(Eberhard Schwab)의 영향력이 컸다. 페흐너의 『기업회생』, 하르츠, 허브, 슈밥의 공저 『기업회생 경영』은 이 분야의 부족한 문헌을 메워주었다. 페흐너의 저술은 세부 사항과 실무 행동지침의 면에서 이 책에 매우 큰 영향을 미치고 있다. 나는 위기에 처한 기업에게 이 책을 매우 추천한다.

"개혁"이라는 혁신적인 주제와 관련하여 나는 파이퍼(Pfeiffer) 교수, 게리 하멜 교수, 바스(Vahs) 교수, 플라이쉬만(Fleischmann) 박사에게 고마움을 전한다. 이들은 창의적 과정에서 구조와 안전성을 부여해 주었다.

마지막으로 게오르크 폰 슈타인(Georg von Stein), 노르베르트 밀데(Norbert K. Milde), 에벌린 와일드(Evelyn E. Wild), 페터 마티스(Peter Matthies), 디터 쿠글러(Dieter Kugler), 우테 알퍼스(Ute Alpers), 미리암 비제(Miriam Wiese)에게 고마움을 전한다. 이들은 탁월한 재량으로 아이디어와 설명을 제공해 주었다.

연금술적 사고를 실행에 옮기기 위해 나는 다음의 홈페이지 www.alchimedus.com를 추천한다. 이곳에서 당신은 금을 찾아가

는 당신의 길에서 필요한 조언과 코치, 트레이너와 동반자를 발견할
수 있을 것이다.

자샤 쿠글러

신비주의에서 현실로 거듭나기

'연금술'이란 무엇인가? 우리는 일반적으로 연금술을 납을 금으로 변형시키는 신비로운 비법이라고 이해한다. 고대에서 근대로 이행되면서 연금술은 화학과 의학 등을 통해 미약하나마 학문적 토대를 획득하였지만, 여전히 신비주의적 성향에서는 벗어날 수 없었다. 그도 그럴 것이 연금술은 납에서 금으로의 물질적 변형만을 의미하는 것이 아니라, 보잘것없는 것에서 고귀한 것에 도달한다는 상징적 의미로서 정신과 영혼의 층위에까지 퍼져 있는 개념이기 때문이다.

오늘날 '연금술'의 의미는 인간의 삶의 각 층위에서 최고 가치를 발견하는 행위로 이해된다. 자아의 연금술, 행복의 연금술, 마음의 연금술, 대화의 연금술, 경영의 연금술 등 이제는 우리 삶의 모든 영역에 연금술이 적용되고 있다. 말하자면 현대 사회에서 연금술이라는 수식어는 각 분야에서 궁극적인 본질과 최고 가치를 실현한다는 현실적 개념으로 자리매김하였다.

『연금술 경영법칙』의 저자 자샤 쿠글러의 연금술에 대한 이해도 이러한 맥락을 함께한다. 그가 삶과 기업의 총체적인 경영전략으로서 제시하는 연금술 경영법칙은 인간과 도구, 영감이라는 세 가지 힘의 조화로운 작용이자 총합이다. 자신을 비롯한 모든 공동체 구성원의 지속적 계발, 목표달성을 위한 최적의 수단과 지식 투입, 이 두 가지를 촉진시키는 윤활유 역할을 하는 영감, 이 세 가지 힘이 동시에 작용함으로써 성공이 기약된다.

자샤 쿠글러가 사용하는 '연금술(Alchimedus)'이라는 단어는 연금술을 지칭하는 본래의 단어(Alchimie)와는 다른 형태로, 보다 포괄적인 내용을 담고 있다. 즉 'Alchi-'라는 어근은 저차원에서 고차원으로의 변화를 일컫는 근세적 연금술을 뜻하며, '-medus'라는 어근은 질병을 치유할 뿐만 아니라 그것의 근본 원인을 탐색하는 '의학'을 나타낸다. 따라서 원제 '연금술 법칙(Alchimedus-Prinzip)'은 앞의 세 가지 힘을 수단으로 삶과 기업이 직면한 현실적 문제를 진단하여 그 원인을 밝히고, 이를 제거함으로써 보다 성공적인 미래로 접근한다는 것으로 이해될 수 있다.

저자가 제시하는 '연금술 경영법칙'에 따라 각자의 삶과 기업을 진단해 보면서 이 책을 읽는다면 보다 값진 소득을 얻으리라 생각된다. 또한 연금술 경영법칙이 모든 독자에게 인생의 '황금'을 찾는 훌륭한 수단이 되어줄 것을 기대해 본다.

마지막으로 번역의 흠결이 있다면 역자의 미진함을 반성하는 계기가 될 것이다.

김현정

연금술
경영법칙

초판 1쇄 인쇄 2022년 8월 18일
초판 1쇄 발행 2022년 8월 24일

지은이 자샤 쿠글러
옮긴이 김현정
펴낸이 김형성
펴낸곳 (주)시아컨텐츠그룹
책임편집 강경수
디자인 공간42

주소 서울시 마포구 월드컵북로5길 65 (서교동), 주원빌딩 2F
전화 02-3141-9671
팩스 02-3141-9673
이메일 siaabook9671@naver.com
등록번호 제406-251002014000093호
등록일 2014년 5월 7일

ISBN 979-11-88519-39-2 [03320]